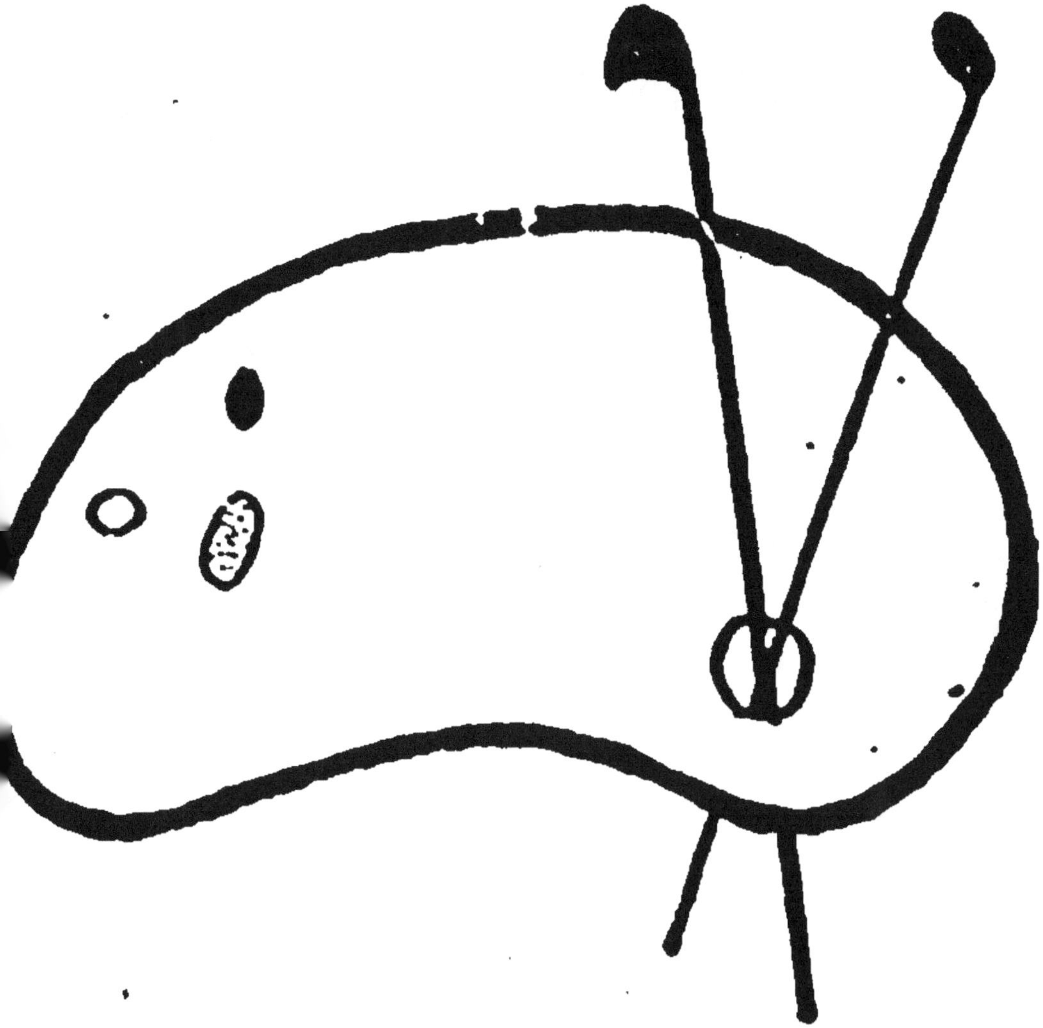

DEBUT D'UNE SERIE DE DOCUMENTS
EN COULEUR

RECHERCHES

GÉOGRAPHIQUES ET HISTORIQUES

SUR LA

DOMINATION DES LATINS

EN ORIENT

ACCOMPAGNÉES

DE TEXTES INÉDITS OU PEU CONNUS

DU XIIe AU XIVe SIÈCLE

PAR

E. G. REY

Membre résidant de la Société des Antiquaires de France.

PARIS

1877

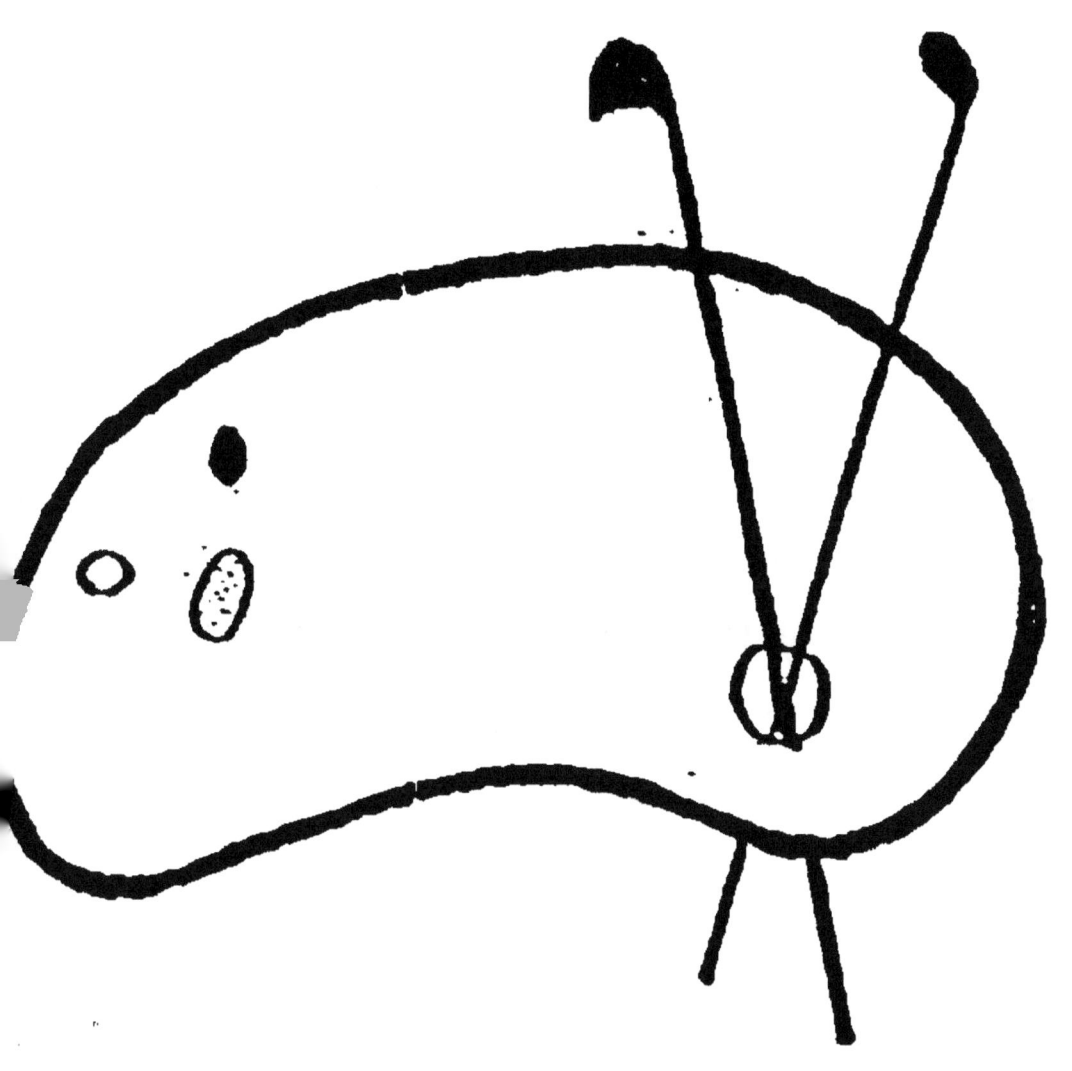

FIN D'UNE SERIE DE DOCUMENTS EN COULEUR

RECHERCHES

GÉOGRAPHIQUES ET HISTORIQUES

SUR LA

DOMINATION DES LATINS

EN ORIENT

RECHERCHES

GÉOGRAPHIQUES ET HISTORIQUES

SUR LA

DOMINATION DES LATINS

EN ORIENT

ACCOMPAGNÉES

DE TEXTES INÉDITS OU PEU CONNUS

DU XIIe AU XIVe SIÈCLE

PAR

E. G. REY

Membre résidant de la Société des Antiquaires de France.

PARIS

1877

AVANT-PROPOS.

Plus de dix ans se sont écoulés depuis que j'écrivais en 1866 mon *Essai sur la domination française en Syrie au temps des Croisades*.

Les graves événements qui depuis se sont succédé dans notre pays sont venus troubler mes travaux. J'annonçais alors la publication des *Familles d'Outre-Mer*, de Ducange, celle de l'*Architecture militaire des Croisés en Syrie*, et un volume consacré à l'étude de la géographie féodale des principautés de Terre-Sainte, au temps de la domination latine. Les deux premiers ouvrages ont paru, et le troisième était fort avancé lorsqu'il fut anéanti par suite des événements de 1870.

Ayant repris mon travail, je suis sur le point de mettre sous presse un appendice aux *Familles d'Outre-Mer*, et j'espère avoir terminé, avant peu, mon livre sur la géographie féodale de la Syrie. Mais plus j'ai creusé mon sujet, plus j'ai dû étendre mon cadre.

Quand, en 1840, l'Institut de France décida la publication

des Historiens des Croisades, M. le comte Beugnot crut devoir joindre aux Assises de Jérusalem une série de chartes provenant du Cartulaire du Saint-Sépulcre ; il estimait qu'à côté des chroniques, les chartes sorties des chancelleries de Jérusalem, de Tripoli, d'Antioche ou de Nicosie, ainsi que les bulles des papes relatives à la Terre-Sainte, formaient une source de documents du plus grand intérêt historique.

Il mit alors en lumière le cartulaire de l'Hôpital Saint-Jean, publié par Sébastien Paoli, œuvre inestimable et bien peu connue de ceux qui s'étaient jusqu'alors occupés des Croisades.

Bientôt M. de Rozières éditait le cartulaire du Saint-Sépulcre, M. de Mas-Latrie deux volumes de précieux documents, comme preuves de son histoire de Chypre sous la domination des Lusignans.

En 1864, M. Langlois faisait paraître à Venise, sous les auspices de la congrégation des Mékitaristes, le cartulaire du royaume d'Arménie.

Enfin, en 1869, M. Strelke se faisait l'éditeur du cartulaire de l'Ordre Teutonique.

Mais à côté de ces grands recueils, que de documents de même origine, épars dans les archives, demeurent encore inédits, ou bien, publiés dans des bullaires et des traités dans lesquels on est loin d'en soupçonner l'existence, sont peu connus !

Il m'a donc semblé qu'il y avait un service à rendre à ceux qui consacrent leurs loisirs à l'étude des grands événements dont l'Orient fut le théâtre du xiie au xvie siècle, en faisant un *regesta* de tous les documents d'origine franco-orientale, ou relatifs à la domination franque dans ces contrées.

Je ne me dissimule pas l'immensité de la tâche que j'entreprends, ni les difficultés de tout genre que je rencontrerai. Aussi commencerai-je mon œuvre sur une base modeste, en publiant successivement dans une série de fascicules les chartes inédites, ou peu connues, à mesure qu'elles arrivent entre mes mains, en attendant le jour où nos successeurs pourront les réunir dans un cartulaire général de Terre-Sainte. Quant au *regesta*, il me semble qu'il devra comprendre deux parties distinctes.

L'une consacrée aux bulles des papes et qui ne sera qu'un extrait et un complément de l'œuvre de Jafé et de Potthast.

L'autre consacrée aux chartes sorties des chancelleries des principautés et des grandes baronies de Terre-Sainte, de Chypre et de la Petite-Arménie.

J'extrais de mon livre sur la géographie féodale, et je joins à ce premier fascicule une étude consacrée à la baronnie de Krak et de Montréal. Ayant été amené par mes recherches à considérer le mont Sinaï comme ayant fait, pendant près d'un siècle, partie intégrante de cette seigneurie, j'y joins les sommaires de plusieurs lettres adressées par les papes aux abbés de ce monastère célèbre, dont nous retrouvons des colonies monacales jusque dans l'île de Chypre, au temps des Lusignans.

Je publie également ici un certain nombre de chartes tirées des Archives de Venise, que je dois à la bienveillance du Rév. Père Léon Alishan, vicaire général de la congrégation des Mekitaristes.

Elles appartiennent pour la plupart à l'Ordre Teutonique et formeront un premier complément au cartulaire de Strelke.

Mais il faut remarquer qu'ici ce sont les actes originaux que nous avons sous les yeux, ou des copies vidimées faites en Terre-Sainte et qui ont été rapportées à Venise vers la fin du XIIIe siècle.

L'expédition de copies notariées et la vidimation à Acre d'un assez grand nombre de titres originaux paraît avoir eu pour but de les soustraire aux dangers qui menaçaient alors, de toutes parts, les restes du royaume de Jérusalem.

Dans une récente communication faite à la Société des antiquaires de France, mon confrère, le comte Paul Riant, émettait, à propos d'une charte du nouveau fonds latin de la Bibliothèque nationale (n° 2160), l'idée que, vers l'année 1277, en présence des désastres qui accablaient les établissements latins de Syrie, le grand-maître des chevaliers de l'Ordre Teutonique, Hartman de Hildrungen, avant de transporter en Occident le trésor des chartes de l'Ordre, avait fait copier les divers documents dont il était formé et que ce sont ces copies qui constituent les registres conservés aujourd'hui aux archives de Berlin.

La découverte qui vient d'être faite dans les Archives de Venise corrobore, grandement, cette présomption. C'est pourquoi je crois intéressant de donner, à l'appui de l'opinion du comte Riant, à côté des autres chartes, les vidimations de deux autres titres déjà publiés par Strelke sous les n⁰ˢ 3 et 21 de son cartulaire, et relatifs le premier à la seigneurie de Krak et Montréal, l'autre à la dotation du comte Josselin, sénéchal du royaume, mais dont les copies notariées sont un peu antérieures à celles mentionnées par mon savant confrère.

Ce fascicule, outre quelques pièces de provenances diverses, comprend encore des lettres et des sommaires de lettres des papes, adressées à des membres de la famille royale d'Arménie et à des prélats de Syrie et de Chypre.

SEIGNEURIE DE KRAK ET DE MONTRÉAL.

Pendant toute la durée du xiie siècle, les rois de Jérusalem s'efforcèrent d'étendre le plus loin possible leur domination sur l'Arabie Pétrée ; le Ouady-el-Arisch, au-delà duquel commençait le désert de Sin, nommé par les Croisés *la grande Berrie*, formait vers l'Égypte la frontière du royaume latin. Ils s'attribuèrent alors la possession de la Péninsule Sinaïtique, puisque nous lisons dans la chronique de Bernard le Trésorier[1] que le Mont Sinaï est « en la terre « le seignor de Krak » et que l'évêque grec de Pharan, résidant au couvent de Sainte-Catherine, est mentionné alors comme suffragant de l'archevêque latin de Karak.

Une route directe passant par Er-Remaïl et Kalaat Om-Gouseïr permet de se rendre d'Hebron à Petra en quatre jours de marche. Ce devait être alors la voie directe de Jérusalem à Montréal.

La province du domaine royal nommée alors terre de

---

1. Chron. d'Ernoul et de Bernard le Trésorier. Mas-Latrie, p. 68.

Montréal ou d'Oultre-Jourdain se composait de la région située à l'est de la mer Morte et du Ouady-Araba. Ce fut une des plus importantes et c'est celle sur laquelle nous possédons le moins de documents contemporains.

Une charte[1] du 31 juillet 1161, relative à un échange entre le roi Baudouin III et Philippe de Milly, vicomte de Naples, nous apprend que la terre dite d'Oultre-Jourdain s'étendait depuis le Ouady-Zerka, au nord, jusqu'à la mer Rouge, au sud.

Nous savons par Albert d'Aix et Guillaume de Tyr que, dès l'année 1103, le roi Baudouin Ier avait également étendu sa domination sur la partie occidentale de l'Arabie Pétrée par la construction d'un château élevé très-près du Ouady-Araba[2], pour dominer, dit l'historien latin, les routes commerciales qui traversent cette contrée.

Dans la charte dont je viens de parler nous trouvons la confirmation de ce fait, au sujet duquel nous n'avions jusqu'à présent que des notions assez vagues ; c'est-à-dire du tribut payé au trésor royal par les caravanes de marchands arabes et moyennant lequel elles obtenaient le passage sur le territoire des Francs en allant, par le désert de l'Yémen ou de l'Egypte, à Damas ou en en revenant : selon toute apparence ces caravanes suivaient la route actuelle du Hadj, à partir du défilé nommé, aujourd'hui, Akaba-esch-Schamieh ; ou bien celle qui passe par Schaubak, Tafilet et Karak, car ce sont les deux seules grandes voies commerciales qui traversent cette région.

Le Crac ou *Petra Deserti*, l'une des forteresses les plus importantes de la Syrie, construite en 1142 par Payen, bouteiller du royaume, devint la ville principale de cette baronnie en même temps que la résidence de l'archevêque latin de Rabbah.

1. Cart. ord. Theut., n° 3, p. 3.
2. Albert d'Aix, L. XII, ch. 21.

Canzir, aujourd'hui Khanzirich, est le seul casal dépendant de Karak, que nous trouvions mentionné, comme donné à l'Hôpital, dans un acte[1] de l'année 1152; mais il est évident qu'outre la région s'étendant vers le nord jusqu'au Zerka, le territoire de Karak devait encore comprendre au sud les cantons de Bozeirâah et de Tafilet, où se voient des tours, selon toute apparence contemporaines de la domination latine dans ces contrées.

Les Francs entretenaient alors des barques sur la mer Morte. Un acte de l'année 1177 parle d'un navire destiné à transporter en Moabitide les choses nécessaires à la maison de l'hôpital Saint-Jean à Karak; et nous savons encore par le même document que ces barques payaient un droit qui formait l'un des revenus de la seigneurie de Krak et de Montréal[2].

Cinq grands fiefs et forteresses relevaient de cette seigneurie :

1° Schaubak ou le Krak de Montréal;
2° Le château de la vallée de Moïse;
3° Ahamanth;
4° Le château de Ouady-Gerba;
5° La ville maritime d'Ela et l'île de Graye.

Schaubek ou le *Krak de Mont-Réal*, château élevé par le roi Baudouin Ier, en 1115, subsiste encore de nos jours, bien qu'ayant été fort remanié par les Arabes au XIVe siècle.

Voici du reste la description que Guillaume de Tyr nous a laissée de cette forteresse : « Erat[3] autem municipium in colle situm edito, turribus, muris et antemuralibus egregie munitum; eratque ei suburbium extra praesidium situm in declivio collis. »

---

1. Cod. Dip., t. I, n° 29, p. 31.
2. Cod. Dip., t. I, n° 62, p. 62.
3. Guill. de Tyr, L. XX, ch. 29.

Le pèlerin Thetemar, qui visita ce château en 1217, dit qu'il était muni d'une triple ceinture de remparts étagés.

Beni-Salem[1], casal relevant de Montréal, est la seule dépendance de ce fief dont le nom nous soit parvenu.

Au moyen âge, la culture des cannes à sucre paraît avoir pris un grand développement dans le territoire de Schaubek, puisqu'à cette époque une espèce de poudre à sucre[2] était désignée dans le commerce du Levant sous le nom de sucre de Karac de Montréal.

Le second fief était le château de la *Vallée de Moïse*, nommé aussi Sela, forme hébraïque du nom de Petra, ce qui ne saurait laisser le moindre doute sur l'identification du site qui nous occupe avec celui de la capitale des Nabathéens.

Le château s'élevait sur les ruines de l'acropole de la ville antique.

Cette forteresse était nommée El-Aswit quand en 1116 elle fut occupée par le roi Baudouin.

Le texte suivant, qui se rapporte à la fondation du château de la vallée de Moïse, décrit fort exactement le site de Petra :

« ... Ac[3] deinde in vallem quamdam cunctis terræ frugibus satis uberimam in qua invenerunt et eum fontem quem Sanctus Moyses, jubente Domino, elicuisse fertur de petrâ virgâ bis percussâ, perenni cursu vivaciter manantem, adeo ut molendinos satis volubiles habere posset eius rivus, nullâ unquam siccitate arescens. Invenerunt ibi et oratorium quod Sancti Aaron hodie que dicitur in montis vertice situm... »

Voici la description de ce lieu que nous lisons dans un

---

1. Cod. Dip., t. I, p. 62.
2. A. Gauldry, l'Ile de Chypre, p. 157. Mas-Latrie, Hist. de Chypre, t. I, p. 95.
3. Historia Hierosolymitana, secunda pars, ap. Bongars, p. 579.

passage extrait des Novaïri, par Quatremère, et publié par lui dans son mémoire sur les Nabatéens... : « Là est le tombeau du prophète Aaron, frère de Moyse, situé à gauche du chemin qui conduit dans la Syrie. Près de là est le château appelé Aswit; le sultan (Bibars) s'y rendit en gravissant la montagne et se convainquit par ses yeux que c'était une citadelle extrêmement forte et d'une architecture admirable, etc., etc. »; suit une description détaillée des ruines de Pétra.

Thetemar, qui visita le mont Hor vers 1217, en se rendant au mont Sinaï, y trouva un petit monastère grec qu'il nomme Muscera[1]. C'est le même qui est mentionné en 1100 par Foulcher de Chartres.

Le pèlerin allemand dit encore que la Berrie, ou désert de Babylone (Egypte), commence à l'ouest du mont Hor.

Le territoire de ce fief, nommé par les chroniqueurs latins « Li vaux Moyse », comprenait un certain nombre de petites vallées fertiles arrosées par des sources et des ruisseaux, et ils décrivaient cette contrée en ces termes : « Cette terre entor qui estoit tote coverte d'arbres portanz fruiz de figuiers, d'oliviers et autre arbre de la bonne manière si que sembloit forest c'estoit tote la richesse del pays. »

Ce château communiquait avec Montréal, situé sur le versant Est du massif iduméen, par un chemin passant à El-Beydah. Il demeura au pouvoir des Francs jusqu'en 1189.

Il a été fort rarement question du troisième fief nommé *Ahamant*[2] dans les actes contemporains et que l'on peut sans témérité identifier avec la bourgade de Màan, située

---

[1]. Il me semble retrouver dans ce nom de Muscera une confirmation d'un passage de la Bible, car nous lisons au 6e verset du Xe chapitre du Deuteronome qu'Aaron mourut dans un lieu nommé Mosera.
[2]. Tab. Ord. Teut., n° 3, p. 3.

sur la route du Hadj, à 6 heures au sud-est de Schaubak. Palgrave, qui s'y arrêta en 1862, au commencement de son voyage en Arabie, y signale un vieux château et dit que la ville était entourée d'anciens remparts. On remarque encore en ce lieu de beaux jardins et de nombreuses traces d'anciennes cultures.

Le quatrième fief est le château de *Ouady-Gerba*, qui paraît se retrouver au Djebel-Shera[1], vers l'extrémité sud-est du massif iduméen, dans la localité ruinée de Djerba où se voient les restes d'un château situé au bord d'une vallée qui porte encore de nos jours le nom de Ouady-Djarba.

Quant à la forteresse maritime d'Ela, qui semble avoir été fondée à la même époque que Montréal, elle demeura au pouvoir des Francs jusqu'au mois de décembre 1170. Ils possédaient également à cette époque, dans le golfe Elanitique, l'île de Graye, qui n'est séparée de la côte que par un bras de mer de peu de largeur. Ce rocher, encore couvert des ruines d'une vaste forteresse, fut visité en 1827 par le comte Léon de Laborde.

Postérieurement à 1170, cette place fut réoccupée par Renaud de Châtillon, seigneur de Karak, et ce fut dans son port qu'il arma, en 1182, la flottille qui lui servit pour son expédition maritime sur les côtes d'Arabie[2].

---

1. Guill. de Tyr, L. XXII, p. 1091.
2. C'est la seule expédition maritime des Francs sur la mer Rouge dont quelques détails (Bernard le Trésorier, Mas-Latrie, p. 69) nous soient connus. Nous savons qu'elle se composait de cinq galères : qu'après s'être emparée d'Aïdab, sur la côte de Nubie, qui était alors l'entrepôt du commerce de l'Afrique orientale avec l'Arabie (Aïdab, à 250 kil, N.-O. de Berenis), elle fut détruite, au dire des historiens arabes, dans la baie de Rabog, pendant une tentative de débarquement dirigée contre la Mecque. D'après une autre version (Renaudot, Hist. Patriar. Alexan., p. 513), Renaud de Châtillon aurait été obligé de se retirer par suite du manque d'eau après être parvenu à une journée de marche de la Mecque, mais non sans avoir causé de grandes pertes aux Musulmans.

La distance qui sépare ces deux points d'Aïlat, et l'importance même de l'expédition ne saurait nous laisser aucun doute sur la connaissance et la pratique possédées alors par les Francs de la navigation si difficile de la mer Rouge.

Il ne reste plus aujourd'hui que des décombres informes des édifices élevés en ce lieu par les Croisés.

Aboulfeda, qui écrivait entre les années 1273 et 1332, décrit en ces termes le château d'Ela : « Nostra tempestate turris est in quam prefectus Egyptus residit, arcem olim habuit in mare (l'île de Graye) sed ea destructa prefectus in turrim ad littus sitam se recepit. »

Il me reste maintenant à parler de l'abbaye du mont Sinaï et de la partie de la péninsule de ce nom qui fit partie de la seigneurie du Karak.

Les Assises de Jérusalem, dans l'énumération des forces du royaume, citent Michel du Sinaï comme devant un chevalier, et je suis bien tenté de voir dans ce passage la trace d'un fief oublié, relevant de Karak, et situé sur la rive droite du golfe Elanitique, dans le voisinage de la montagne sainte.

Nous lisons dans la liste des suffragants du patriarche de Jérusalem que l'archevêque du Krak n'avait qu'un seul suffragant[1], l'évêque qui gouvernait le monastère de Sainte-Catherine du mont Sinaï.

Ce prélat, nommé par les auteurs contemporains évêque de Pharan, de Pharaon ou du Franc, avait sa résidence au couvent du mont Sinaï et appartenait au rite grec.

Voici ce que dit Bernard le Trésorier, en parlant de la seigneurie du Krak et de l'abbaye du mont Sinaï[2] :

«Ançois que je vous parole plus de celle mer, [la mer Morte] vous dirai u li Crac siet. Il siet en Arabe. Apriès si est Mons Synaï en la terre le seignor de Crac. Cel Mons Synaï si est entre la mer Rouge et le Crac. Là donna

---

1. Extr. de la liste des suffragants du patriarche de Jérusalem, manuscr. de la Bibl. nat., fonds latin n° 8985, fol. 210 :

« Quartus Petracensis [Petra deserti] unum tantum in Monte Sinaï, templi divæ Catharinæ et monachis dicti cænobii præsidentem. »

2. Chron. d'Ernoul et de Bernard le Trésorier. Éd. Mas-Latrie, p. 68 et suiv.

« Diex le loy à Moysen, apriès çou que il ot passé le Rouge
« mer. En cel mont la u li lois fu donnée porterent li angele
« le cors Sainte Katerine quant el ot le cief copé en Egypte.
« Là gist en oille que ses cors rent. El lassus a une abéie de
« moines griex. Mais li maistre abéie de celle maison [ne
« est mie là, ains] est al pié del mont. Là est li abbés et li
« couvens ; . . . .
. . . .
« Mais lassus [en su le mont] a XIII moines qui forte vie
« mainent. Lassus lor porte on pain sans plus, et teus i a
« qui ne manguent que III fois la semaine pain et iaue. »

Le pèlerin Thetemar visita le monastère de Sainte-Catherine en l'année 1217, et voici ce que nous lisons dans sa relation : « Ista ecclesia habet episcopum et Monachos viros religiosos per omnia grecos et surianos, quibus preest episcopus etiam in temporalibus et spiritualibus. »

Après avoir décrit le monastère et les sanctuaires qui en dépendent, il relate une tradition d'après laquelle un des seigneurs de Montréal ayant formé, à l'instigation du clergé latin, le projet de transporter à Karak le corps de sainte Catherine, en fut empêché miraculeusement par Dieu, au moment où il arrivait à la porte du monastère pour accomplir son projet.

Sainte Catherine du mont Sinaï était en grande vénération parmi les Francs de Syrie, qui l'introduisirent dans la liturgie occidentale à la fin du XIIe siècle [1].

Les religieux grecs basiliens du mont Sinaï demeurèrent fort longtemps en union avec l'Eglise romaine, comme le prouvent plusieurs lettres, peu connues, adressées par les papes aux prélats qui gouvernèrent ce monastère.

La plus ancienne qui nous soit parvenue remonte à l'année 1216. Elle est du pape Honorius III et est adressée

---

1. Mas-Latrie, Hist. de Chypre, t. I, p. 96.

« *Symoni montis Sinaï Episcopo eis que successoribus sub
« protectione Beati Petri*, etc., etc.[1] ».

Ce monastère demeura pendant plusieurs siècles un lieu de pèlerinage en grande vénération. Il possédait trois maisons religieuses ainsi que des revenus considérables dans le royaume de Chypre, comme on le verra par les lettres pontificales dont je crois devoir publier ici les sommaires.

Johannes etc., universis singulis annis visitantibus ecclesiam beatæ Catharinæ in Monte Sinay, inqua corpus ejusdem virginis requiescit et qui ad reparationem manus porrexerint adjutrices, unum annum de injunctis penitentiis relaxat.
Datum Avinione, 3ª Kal. Junii, anno 12° (30 mai 1328).

Johannes, etc., Hugoni regi Cypri. Solvi faciat fratribus montis Sinay ordinis sancti Basilii reditum unius libræ auri quam percipere solebant annuatim de proventibus regiis civitatis Famagustensis, ex concessione antiqua regum Cypri.
Datum Avinione, 7° Kal. Junii, anno 12. — Reg. de Jean XXII, au 12 (26 mai de la même année).

Johannes, etc., venerabili fratri et dilectis filiis fratribus Montis Sinai, salutem; Paci et quieti, etc., exteriore siquidem petitionis vestræ nobis porrectæ collegimus, quod in vestra ecclesia montis Sinaï, ordinis sancti Basilii in qua corpus Sanctæ Catharinæ, virginis et martyris feliciter requiescit, ducenti fratres vel circa domino nostro Jhesu Christo et eidem virgini et martyri noscentur assidue militare, quodque dudum episcopus et fratres montis Synaï, qui tunc erant, per concessionem privilegii felicis recordationis Honorii papæ III, prædecessoris nostri, in quo ecclesia, ipsius loca eo bona immobilia particulariter exprimuntur, eis factam, in insula Cypri, videlicet in civitate Famagustensi, ecclesiam sancti Simeonis, in qua nonnulli ex vestris fratribus commorantur, canonice construxerant; quare nobis devote et humiliter supplicasti ut eidem sancti Simeonis ecclesiasticam

---

1. Hon. III, an. 2 Pont..Reg. II, 151-143. Coll. Moreau, t. 1236. fol. 92.

sepulturam concedere de benignitate apostolica dignaremus. Intendenter igitur pro divina reverentia et dictæ virginis et martyris meritis gloriosis ac vestræ religionis obtentur vobis supra iis opportunum favorem gratiæ impertiri etc. ; ecclesiæ sancti Simeonis prædictæ habere sepulturam ecclesiasticam auctoritate apostolica. De gratia speciali concedimus, jure tamen parrochialis ecclesiæ et cujuslibet alterius semper salvis. Districtes inhibentes, etc., venerabili fratri nostro episcopo Famagustensi, ne vos injustæ molestet.

Datum Avinione, Idibus Decembris anno 19°. — Reg. de Jean XXII, an. 19 (13 décembre 1335).

Innocentius etc., venerabili fratri episcopo et dilectis filiis fratribus montis Sinay. Ut ordo monasticus qui secundum divi Basilii regulam in eadem eclesia esse dignoscitur, perpetuis futuris temporibus observetur, etc. Confirmat omnia bona dicto monasterio concessa.

Datum anno Incarn. 1360, Pontif. anno 8°, 17° Kal. Januarii. Reg. Innocentii VI. ann. 8.

Bibl. nat., ms. fonds latin 8985, fol. 263.

Dans un long travail consacré à l'histoire du patriarcat de Jérusalem, par Suarez, et qui se trouve à la Bibliothèque nationale (Manuscrit fonds latin n° 8985), j'ai rencontré folio 235 la description suivante de la Terre-Sainte qui paraît devoir être attribuée à la première moitié du xiii° siècle. Ce document, fort curieux à certains points de vue, trouve naturellement ici sa place. L'inadvertance du copiste du manuscrit d'où j'extrais ce passage, et qui paraît dater de la fin du xvii° siècle, a altéré les deux premiers mots, qui probablement étaient en abrégé dans le texte plus ancien dont il s'est servi. Il a écrit :
Tempore Pipini regis Francorum.

Or le sens même du texte et sa date ne peuvent nous laisser aucun doute au sujet du prince dont il est ici question et qui n'est autre que R. Rupin, prince d'Antioche, qui revendiquait alors le trône de la Petite-Arménie.

Je propose donc sans la moindre hésitation de lire :
Tempore Rupini pripis Francorum,
d'autant mieux que ce document mentionne spécialement la revendication des droits de la fille de ce prince, Marie de Toron, qui avait des prétentions sur la seigneurie de Krak et de Montréal.

Sedes tertia, Arabia Moabitis et Petra deserti, unde Petracensis.

Sub hac sunt episcopatus XII.

. . . .

. . . .

Ita in veteri provinciali omnium ecclesiarum.

In eodem provinciali post patriarchatus Constantinopolitani descriptas sedes legitur.

Tempore Pipini regis (Rupini principis?) Francorum fuit composita hæc descriptio.

Ex parte Ægypti detinet soldanus super maritimam Ascalonam, ubi fuit tempore Græcorum sedes archiepiscopalis.

Item detinet Gazarum et Daronem quæ fuerunt castra Templariorum, et fuit sedes episcopalis tempore Græcorum.

Versus Jerusalem detinet Sebasten quæ fuit et est sedes episcopalis.

Item, detinet Neapolim quæ est una cum terra Sebasten, antiquitue Samaria dicebatur.

Item, detinet grande Gerinum et castrum Planorum, et castrum Falbarum quæ fuerunt castra nobilissima Templariorum, et hæc omnia detinet cum pertinentiis suis.

Versus Arabiam et in Arabia detinet Ebron quæ nunc Sanctus Abraham nuncupatur, et est sedes episcopalis.

Item, castrum nobilissimum quod Caphila (Tell es Saphieh?) dicitur.

Item, Patracen Cumaten, et est archiepiscopalis sedes, quæ nunc Cracum vulgariter nuncupatur.

Item, castrum Montis regalis et Sebe, cum pluribus aliis castris, quorum nomina ignorantur, et hæc terra debet esse filiæ [1] principis Papini (Rupini?) et protenditur a Hierusalem per XVI dietas.

Item, vallem de Mossa, quæ est pars Idumeæ, et hæc est

---

1. *Marie de Toron*, qui épousa dans la suite Philippe de Montfort, seigneur de Tyr, et était fille de Raymond Rupin, prince d'Antioche, et petite-fille de Raymond d'Antioche et d'Alix, fille de Rupin d'Arménie et d'Isabelle, héritière de Homfroy IV de Toron, ce dernier ayant été seigneur de Krak et de Montréal du fait de sa mère Estefenie, successivement veuve de Miles de Plancy, puis de Renaud de Châtillon, seigneurs de la Syrie Sobale.

Homfroy IV, ayant été fait prisonnier à la bataille de Hattin, rendit à Salah-Eddin, en 1189, pour prix de sa rançon, la terre d'Oultre-le-Jourdain et les forteresses qui s'y trouvaient.

versus Damascum, ubi sunt plura castra et villæ, quorum nomina ignorantur et debent esse domicellæ prædictæ.

Item, versus Accon et versus Nazareth castrum Saphoriæ, quod fuit regis.

Item, montem Tabor et castrum Buriæ, quæ fuerunt abbatis dicti montis.

Item, civitatem Vaim, (Naim?) ubi olim fuit sedes episcopalis.

Item, Betsaïdam civitatem Petri et Andreæ.

Item castrum quod *bellum videre* dicitur, quod fuit hospitalis Hierosolymitani.

Item, in terra de Gor, ubi fuit Sodoma et Gomorrha, castrum quod Marescalcia dicitur, quod fuit dicti regis.

Item, Hierico, quod fuit abbattissæ Sancti Lazari de Bethania et distat ab hac parte Hierusalem per septem leucas.

Item, supra mare Galileæ civitatem Tiberiadis, quæ est sedes episcopalis, et protenditur hæc terra per duas dietas et amplius, et hæc omnia detinet cum pertinentiis suis.

Item, versus Arabiam ex hac parte, castrum quod dicitur Cavadesnet, quod est fluvius qui juxta Tiberiadim fluens fluvio Jordanis jungitur. Dominus autem Tiberiadis est princeps Galileæ.

Item, Thiron (Thoron?) et Accon, versus montana castrum Saphet, quod fuit Templariorum.

Item, *castrum novum* quod fuit Domini Thoronis, quod esse debet filiæ dicti principis.

Item, vadum Jacob, quod est Templariorum.

Item, Cæsaream Philippi quod Bellinas vulgariter appellatur, et est episcopalis sedes, et debet esse filiæ dicti principis, et hæc terra protenditur per unam dietam super Tyrum in Cavas maximas.

Item, episcopatum Sidonensem, castrum quod Belset dicitur, et Cavam Belciassem, et protenditur hæc terra per dietam et plus.

Item, episcopatum Biricensem duas Cavas, qui similiter protenditur per dietam et plus.

Bibl. nat., ms. fonds latin 8985, fol. 235.

1163. Raoul, évêque de Bethléem, reconnait avoir reçu de la commune de Marseille une somme de 1211 besants, pour laquelle lui et son chapitre donnent hypothèque à la commune de Marseille sur des maisons possédées par l'église de Bethléem et situées en la ville d'Acre.

In nomine Sanctæ et individuæ Trinitatis, Patris et Filii et Spiritus sancti, amen. Notum sit omnibus tam præsentibus quam futuris quod ego R[adulphus], Dei gratia sanctissimæ Nativitatis Domini nostri Jesu Christi quæ est Bethleem devotus episcopus, assensu et voluntate totiæ capituli nostri, quod nos recepimus de mutuo de communi Massiliæ мсс et undecim bisantios Claraconvallos, de quibus bisantios nos et nostrum capitulum mittimus in gaudium, a dicto communi Massiliæ, casalem nostrum qui vocatur Romandet et domos nostras quæ sunt in Accon prope domos Templi, ita si debita non essent soluta in cito quæ essent requisita dicto communi Massiliæ, debet habere potestatem vendere cui placuerit dictos gaudios, et pagare se sine nullum contradictum, dictum commune Massiliæ. Ut autem hujus nostræ confirmationis pagina rata et inconcussa permaneat, testibus subscriptis corroborari et sigilli nostri impressione muniri ferimus. Hujus rei testes sunt de sacerdotibus canonicis Bethleem, David prior, Simo cellerarius, Godefridus thesaurarius, Armandus Bartholomæus, Guillelmus Grossus, Nicolaus de Gibelet; de diaconibus, Guarinus de Cremet, Garnerius Juvenis ; de laïcis, Jocelinus miles, Ludovicus senescallus, Johannes de Bethleem, Raynaldus de Joppe, Anselmus Robertus de Rames. Factum est hoc anno ab

Incarnatione Domini M C LXIII, quarto nonas . . . . . Data Hierusalem per manum Simonis cellerarii.

(Tiré d'une ancienne copie du père de M. Ruffi.)
Bibl. nat., mss. fonds franç. 9173. Coll. D. Berthereau, III, fol. 73.

Cette charte a été plusieurs fois résumée par ceux qui ont écrit l'histoire de Marseille, mais nulle part je n'ai trouvé le texte complet, ce qui me décide à la publier ici.

Dom Berthereau la transcrivit d'après une copie ancienne qui, dit-il, lui fut communiquée par la famille Ruffi.

1174, 8 janvier. Boemond III, prince d'Antioche, concède à Pierre de Melfia, vicomte d'Antioche, la part du moulin de Scomodar qu'il possède en co-propriété avec les moines de Saint-Siméon, ainsi qu'une partie des vignes de Saranjac.

✝ In nomine Patris et filij et spiritus sancti. Amen.

Notum sit omnibus hominibus tam presentibus quam futuris. Quod ego Boamundus dei gratia princeps antiochenorum. Raimundj bone memorie principis filius. Consensu et voluntate domine Orguilose eiusdem honoris principisse, dono et concedo Petro de Melfia homini meo ligio et vicecomitj meo et heredibus eius pro bono servitio quod fecit mihi et deinceps facturus est partem quam habebam in molendino quod dicitur Scomodar videlicet medietatem octonarii, et quicquid iuris in eo habebam vel habere poteram salva reliqua octonarij medietate monachis sancti Symeonis annuatim per solvenda. Simili modo de vineis molendini et de omni illa re que pertinet ad molendinum usque ad divisam de Maraban dono tam sibi quam suis heredibus medietatem decimarum videlicet partem meam et quicquid iuris ibi habebam vel habere poteram. Nichilominus de vineis de Saranjac de illa pecia quam infantes Bonetj tenent cum sua divisa. De illa quam tenent sanctimoniales ferri que fuit Hervej Parvj. De illa que fuit eiusdem Petri de Melfia quam dedit filiabus suis in contractu matrimonij. De illa que fuit Ade de Rua Obscura. De illa que fuit Andree canbiatoris. De illa quam tenet Paganus filius Basilij, et Sibilla uxor Petrj de Avinum. De omni redditu et de omni iure quod ibidem habebam vel habere poteram. Dono prenominato Petro et heredibus eius partem meam decime videlicet medietatem, libere e quieto sine omni exactione curie, remota omnium hominum qui vivere possunt et morj calumpnia. Et habeant liberam potestatem vende dj, invadiandj seu quoquomodo voluerint alienandj. Et omnem voluntatem suam fatiendj. Pro quo donavit mihi idem Petrus .cc. bisantios et cuppam .j. trium marcharum argenti. Quod ut firmum sit et deinceps inconvulsum permaneat. Litterarum inscriptione, et sigilli mei principalis impressione munio atque confirmo. Huius rei testes sunt. Huduinus de Marrolès. Silvester consanguineus meus. Rogerius de Surda valle. Guiscardus de Insula, Simon Burgevinus dux Antiochie. Johannes de Salquino. Data per manum Alexandri Apamie canonicj. Anno ab incarnatione Domini. м°. c°. Lxx°. iiij°. Principatus mei .xj°. Mense Januarij. Die vij° mensis eiusdem.

Original (traces du sceau).

Arch. de Venise. Mélanges diplom. Busta IX n° 281.

1200, juin. Boemond IV, prince d'Antioche, accorde franchise entière, dans sa principauté, aux chevaliers de l'hôpital de N.-D. des Allemands.

† In nomine sancte trinitatis patris et filij et spiritus sancti Amen.

Notum sit omnibus hominibus presentibus et futuris, quod ego Boamundus Dei gratia princeps Antiochie Raimundi bone memorie principis filius dono et concedo in elemosinam pro salute anime mee et parentum meorum et omnium antecessorum meorum sancte domui hospitalis alemanorum et infirmis qui sunt et qui erunt in ea, liberum exitum et introitum, et libertatem emendi et vendendi omnia que ad usus eiusdem hospitalis fuerint necessaria sine alia mercatura per totum principatum meum, intus et extra, per terram, et per mare, sicutj porrigitur principatus Antiochie, libere, et quiete, et sine ulla cuilibet donanda consuetudine. Ut hoc itaque firmum tenorem habeat, presentem cartulam scribi precepi, et suscriptis testibus roboratam mei sigillj principalis impressione muniri. Huius rei testes sunt. Rogerius constabularius. Petrus de Ravendello. Johannes de Salquino, Richerius de Erminato, Odo de Maire, Hugo de Flauncurt, Nicholaus Ialnus, Guillelmus de Insula, Ricardus de Angervilla, Radulfus de Riveria, Paschalis de Seona. Factum est hoc privilegium anno

Incarnati verbj, m°. cc°. mense Junio. Datum per manum Alexandri Cancellarij.

Id., ibid., 28?.

Original (traces du sceau qui a été enlevé).

1217, septembre. Hugues Ier, roi de Cypre, confirme à l'Ordre Teutonique les donations du roi Aymery son père et y joint le don d'une rente annuelle de deux cents mesures de blé, deux cents mesures de vin et de quatre cents mesures d'orge a prendre sur le casal de Sesquara.

† In nomine sancte et individue trinitatis patris et filii et spiritus sancti amen.

Notum sit omnibus presentibus et futuris quod ego Hugo Dei gratia Rex Cypri ob salutem anime mee et parentum meorum. Concedo et confirmo tibi fratri Armanno Magistro domus sancte Marie Theutonicorum in Ierusalem, et eidem domui, donum quod pie et inclite recordationis dominus Haymericus Rex Ierusalem et Cypri pater meus dicte domui sancte Marie hospitalis Teutonicorum in Ierusalem, pie in helemosinam contulit prout melius in vestro privilegio ab ipso domino Haymerico Rege patre meo concesso eidem domui, continetur Insuper Ego prefatus Hugo Dei gratia Rex Cypri ob salutem anime mee dono et concedo tibi predicto fratri Armanno, dicte domus sancte Marie hospitalis Theutonicorum magistro, et eidem domui, cc^{tos} modios frumenti, et .cc^{tas}. metras vini, et .cccc^{tos}. modios ordei. Hec autem omnia scilicet predictum bladum et vinum dicta domus sancte Marie hospitalis Theutonicorum in Ierusalem, vel mandatum suum, debet percipere annuatim suis temporibus in casali meo de Sesquara. Scilicet bladum tempore messium, et vinum tempore vindemiarum. Si vero dictum casale de Zesquara de voluntate mea vel heredum meorum ad alias manus quam ad nostras deveniret; hec mea donatio nichilominus debet firmitatis habere. Ut autem hec mea donatio, concessio, et confirmatio, firma et stabilis, maneat in perpetuum, dicte domui sancte Marie hospitalis Theutonicorum in Ierusalem : Ego prefatus Hugo Dei gratia Rex Cypri hoc presens privilegium exinde factum sigillo meo plumbeo muniri feci, et subscriptorum baronum meorum testimonio confirmari. Quorum nomina sunt hec. Dominus Johannes de Hybelino; Dominus Beritthi. Dominus Philippus de Hybelino frater eius.

Dominus Galterus de Cesarea; Cypri connestabulus. Dominus Galterus de Betsan. Dominus Gormondus de Betsan. Dominus Petrus Chape, et Dominus Jacobus de Rivet. Factum fuit hoc apud Nimoscium. Anno ab incarnatione Domini millesimo. cc^{mo}. xvij^{mo}.

Datum per manum domini Radulfi, venerabilis cancellarii Regni Cypri, et archidiaconi Nichossie, mense Septembris.

(Original, traces du sceau.)

Id., ibid., 283.

Lettre d'Innocent IV au patriarche de Jérusalem.

DE RECUPERATIONE CLAVORUM DOMINI
ET ALIARUM RELIQUIARUM.

Innocentius, etc.... Patriarchæ Jerosolimitano apostolicæ sedis legato et episcopo Acconensi... cum quædam sanctuaria, videlicet clavus et martellus Domini, ac manus s^{ti} Thomæ apostoli, cum aliis rebus ecclesiæ Bethleemitanæ pro mille quingentis bisantiis recolligi mandantes ad præsens, pro quibus fuerant a quibusdam ejusdem ecclesiæ canonicis pignori obligata. Dilecti filii G[odefredi] de Præfectis electi ecclesiæ prælibatæ precibus inclinati, fraternitati vestræ præsentium auctoritate mandamus quatenus cum ab ipsius electi procuratore fueritis requisiti, ad eadem sanctuaria nomine suo et sæpe dictæ ecclesiæ apud domum militiæ Templi vel hospitale S^d Joannis Jerosolimitani in Accone, ubi melius idem procurator viderit deponenda, curetis presentialiter interesse, vestras super hujusmodi deposito testimoniales præfato procuratori litteras concedentes. Quod si non ambo, etc.

Datum Lugduni xiii kal. septembris anno tertio (20 août 1245).

Bibl. nat., ms., coll. Moreau, 1195, fol. 59.

1248 (Strelke n° 3).

† In nomine Domini amen. Nos H... Dei gratia archiepiscopus Nazarenus et G... eadem gratia Acconensis episcopus. Universis presentem paginam inspecturis salutem in eo qui est omnium vera salus. Universitate vestre volumus esse notum quod nos

vidimus et legimus privilegium illustris Bauduini regis quarti Jerusalem cum vera bulla plumbea ipsius regis bullatum sanum et integrum non abolitum non abrasum nec in aliqua sui parte viciatum continens de verbo ad verbum in hunc modum. † In nomine sanctæ et individuæ trinitatis patris et filii et spiritus sancti amen. Notum sit omnibus tam futuris quam presentibus quod ego Bauduinus per gratiam Dei in sanctæ Jerusalem latinorum rex quartus, etc..... Data Nazareth per manum domini Radulfi Bethlemite episcopi Regisque Cancellarii .II. kalendas Augusti. Unde ad requisitionem conventus domus sancte Marie Theutonicorum in evidenciam huius rei presenti scripto sigilla nostra duximus apponendam. Datum Accon in palacio eiusdem domus. Anno dominice nativitatis .M°. .CC°. XLVIIII°. indictione quinta, die XXIJ³. mensis februarij.

Ego Johannes Buccademanzo sacri palacii notarius publicus vidi et legi autenticum privilegium illustris regis Bauduini quarti Jerusalem bullatum cum vera bulla plumbea ipsius regis, sanum et integrum non abolitum non abrasum nec in aliqua sui parte viciosum, continens de verbo ad verbum sicut superius continetur, de mandato conventus sancte Marie Theutonicorum manu propria transcripsi, et in publicam formam redegi.

(Copie authentique. Cordon de soie verte destiné à supporter le sceau qui a disparu. Actes diplomatiques. Miscellanea Busta XV, n° 456.)

1249 (Strelke n° 21).*

† In nomine domini amen. H[enricus] dei gratia Archiepiscopus Nazarensis et G[odefredus] eadem gratia episcopus Acconensis universis presentem paginam inspecturis Salutem in eo qui est omnium vera salus, universis vestre volumus esse notum quod nos vidimus et legimus privilegium illustris Guidonis Regis octavi latinorum Jerusalem cum vera bulla plumbea ipsius Regis bullatum. Sanum et integrum non abolitum non abrasum nec in aliqua sui parte viciosum continens de verbo ad verbum in hunc modum. In nomine sanctæ et individue trinitatis patris et filii et spiritus sancti amen. Notum sit omnibus presentibus atque futuris quod ego Guido. . . . .
. . . . factum est hoc anno ab incarnatione domini. M°. C°. LXXXVJ°. Indicione quarta. Datum Accon. per

manum Petri, domini Regis Cancellarij Siddensisque archidiaconi XIJ° kalendas novembris, unde ad requisitionem conventus donnus sancte marie Theutonicorum in evidentiam huius rei presenti scripto sigilla nostra duximus apponenda, datum accon in palacio predicte domus. Anno dominice nativitatis M°. CC°, XLVIIIJ°, indicione quinta, die XXII februarii.

Ego. Johannes Buccademanzo sacri palacii notarius publicus vidi et legi autenticum privilegium illustris Guidonis Regis octavi latinorum Jerusalem, bullatum cum vera bulla plumbea ipsius Regis, sanum et integrum non abrasum non abolitum nec in aliqua sui parte vitiosum continens de verbo ad verbum sicut superius continetur, de mandato Conventus sancte Marie Theutonicorum manu propria transcripsi, et in publicam formam redegi.

(Copie authentique. — Restes d'un cordon de soie verte supportant le sceau qui a disparu.)

Id., ibid., n° 276.

1253, 6 juin. Accord entre le Grand-Maitre de l'hôpital de Notre-Dame des Allemands et Amaury Barlais, relativement aux casaus de Arabia et de Zaccanin, qui avaient été vendus en 1231 à l'Ordre Teutonique par Isabelle du Bessan, veuve de Bertrand Porcellet, aieule d'Amaury Barlais.

In Christi nomine amen. Omnibus hanc paginam inspecturis pateat evidenter, quod cum inter Magistrum et Conventum domus Hospitalis sancte Marie Theutonicorum ex una parte, ed dominum Almarricum Barlays filium quondam domini Aymarici Barlays, ex altera, super casalibus Arabia et Zaccanyn, cum eorum pertinentiis sitis in Regno Jerosolimitano, questiones olim, et lites, ac discordie verterentur in curia domini. O. Episcopi Tusculani apostolice sedis legati citra mare, que per appellationem fuerunt ad Sedem Apostolicam devolute. Nos frater Popius magister domus Hospitalis sancte Marie Theutonicorum de consilio et assensu fratris Hermanni tenentis locum magni preceptoris, fratris Conradi de Minerla hospitalarij, fratris Petri de Convenientia castellani Montis fortis, fratris Almarrici de Wirzeborg, drapperij tenentis locum marescalci, et fratris Galterij thesaurarij dicte domus, et etiam de consensu et voluntate totius conventus domus nostre, vice ac nomine dicte domus Hospitalis Theutonicorum, et Ego Almarricus Barlays, filius quondam Aymarici Barlays, pro me atque meis heredibus, de dictis questionibus, litibus, et controversiis ad talem compositionem et concordiam inter nos amicabiliter devenimus nostra sponte. Videlicet quod cedimus, et omnino renuntiamus, omnibus litteris impetratis et impetrandis, et omnibus et singulis, litibus, questionibus, et controversiis quas inter nos habebamus, vel habere poteramus super predictis casalibus, Arabie et Zaccanyn, cum eorum pertinentiis, seu eorum vel alicuius eorum occasione. Tali pacto et conventione adiecta. Videlicet quod Ego Almarricus prefatus pro me meisque heredibus, promitto et convenio per sollempnem stipulationem bona fide, solvere et dare, vel solvi et dari facere, magistro et conventui domus Hospitalis sancte Marie Theutonicorum vel eorum mandato, vigintiquinque milia bisangiorum saracenatorum auri bonorum et legalium ad rectum pondus Acconis, infra sex annos proximos venientes, qui sex anni debent incipere currere a die festi beati Johannis Baptiste proximi futuri de mense Junij, in antea. Ita quod primo anno teneor solvere quinque milia bisangiorum; et quolibet alio anno usque ad dictos sex annos completos, quatuor milia bisangiorum saracenatorum. Que vigintiquinque milia bisanziorum tali modo solvere debeo. Videlicet, quod magister et conventus domus Hospitalis sancte Marie Theutonicorum pro ipsa domo debent mittere et superponere unum ex fratribus dicte domus pro ballivo. Et ego Almarricus debeo mittere et superponere pro me pro ballivo, unum hominem meum qui non sit de domo Templi, nec de domo Hospitalis Jerosolimitani qui ballivi ambo simul et communiter debent racolligere et precipere omnes et singulos fructus, redditus et proventus dictorum casalium Arabie et Zaccanin et eorum pertinentiarum et mittere in loco tuto sicut concordabunt, qui locus habet duas claves, quarum quillibet ballivus teneat unam. Quos fructus redditus et proventus sic annuatim percipiendos dicti duo ballivi simul et semel debent vendere et ipsorum pretium, vel etiam ipsos fructus redditus et proventus pro eo pretio quod tunc valuerint, dare in solutum seu in pacamentum domui Hospitalis Theutonicorum pro ex quantitate ad quam ascenderent. Que quantitas debet computari in solutione illius summe bizanziorum quam ego dictus Almarricus, solvere teneor pro eo anno, in quo ipsi fructus percepti fuerint vel collecti. Et si quid defuerit ad supplementum illius summe faciendum, ego dictus Almarricus promitto et teneor pro me meisque heredibus illam summam seu quantitatem, que illo anno solvi debebit, supplere, ac perficere de aliis meis bonis. Et sic debet fieri de anno in annum, quousque dicta vigintiquinque milia bisanziorum domui Hospitalis Theutonicorum tali modo fuerint persoluta. Salvo tamen eo videlicet quod si contingat quod deus avertat quod dicta casalia Arabie et Zaccanyn cum eorum pertinentiis, vel eorum medietas seu maior pars, detineretur seu vastaretur per Saracenos, ego Almarricus non teneor eo anno de alijs meis bonis supplere defectum illius summe seu quantitatis quam in eo anno solvere deberem, et sic debet observari quousque dicta casalia Arabie et Zaccanyn cum eorum pertinentiis seu eorum medietas vel maior pars, detineretur seu vastaretur per Saracenos. Quo etiam tempore non debent currere dicti sex anni infra quos promisi facere dictam solutionem vigintiquinque milium bisanziorum. Veruntamen semper illi fructus, redditus, et proventus, quotcumque essent, de dictis casalibus Arabie et Zaccanyn pro eo pretis quod valerent, seu ipsorum pretium prefati ballivi infra tempus illud quo terra in tali statu teneretur vel vastaretur per Saracenos, dare debent insolutum, domui Hospitalis Theutonicorum, et illos computare in summis dictorum bisanziorum atque quantitatibus annualiter persolvendis. Si vero dicta casalia Arabie et Zaccanyn cum eorum pertinentiis quacumque occasione alia, parvos aut nullos fructus redditus et proventus reddiderint, vel etiam contingeret ipsa casalia cum eorum pertinentiis a medietate inferius, esse detenta vel vastata per Saracenos, ego dictus Almarricus per me meosque heredes, propterea non excusor, quin teneor eo tempore quo ista sic evenirent semper annuatim supplere de aliis meis bonis defectum siquis fuerit ad complendas illas summas annuas seu quantitates bisanziorum quas solvere promisi et supplere, sicut superius designatur. Quo etiam tempore debent currere sex anni superius nominati et reintegravi de tali cursu temporis siqui anni precesserint qui non cucurrissent occasionibus supradictis. Quod si aliquo istorum sex annorum contingat, quod fructus, redditus, seu proventus dictorum casalium Arabie et Zaccanyn cum eorum pertinentiis valerent ultra illam summam seu quantitatem bisanziorum quam eodem anno solvere debeo, et aliquis defectus fuerit ad complendas, summas seu quantitates, bisanziorum, quas ante talem annum solvere debebam teneor ego dictus Almarricus et mei heredes de illa ultra valentia supplere illum defectum preteritum, et si preteritus defectus ibi non fuerit, debeo de illo superfluo facere quicquid voluero. Debent autem ballivi prefati jurare ad sancta Dei evangelia, quod hec omnia et singula pro utraque parte fideliter facient sine fraude. Ipsi vero ballivi donec in partibus Arabie et Zaccanyn vel in eorum pertinentiis steterint pro dictis procurandis, recipiant et habeant de dictis fructibus redditibus et proventibus, competenter neccessaria. Quod si forte videretur tibi Almarrico vel tuis heredibus, quod frater domus nostre Theutonicorum qui fuerit ballivus ut supra dicitur non gereret se bene et legaliter in premissis, nos magister et conventus domus Hospitalis Theutonicorum promittimus et tenemur illum talem fratrem nostrum, inde amovere, et loco sui alium subrogare, qui substituendus promittet in habitu sue religionis predicta omnia et singula pro utraque parte fideliter procurare. Quibus vigintiquinque milibus bisanziorum solutis sicut superius est expressum, dicta casalia Arabie et Zaccanyn cum omnibus eorum pertinentiis et juribus, tibi Almarrico et tuis heredibus remaneant libera et quieta ab omni honere debitorum quo vel quibus nobis magistro et conventui domus Hospitalis sancte Marie Theutonicorum seu eidem domui, vel alii persona seu loco pro nobis vel ipsa domo, ipsa Casalia erant, vel esse videbantur astricta seu obligata, sive occasione elemosine, sive venditionis, seu concessionis vel confirmationis seu alio quovis modo vel cure, promittentes nos dicti magister et conventus domus Hospitalis Theutonicorum, tibi Almarrico, quod omnia instrumenta et privilegia spectantia ad nos vel domum nostram, et facientia mentionem de dictis casalibus vel eorum pertinentiis, que penes nos vel aliam personam seu locum pro nobis, vel domo nostra sunt, quod illa que in istis partibus sunt, infra Octabas beati Johannis Baptiste, de Junio proximas venientes; et alia que extra partes istas sunt, infra unum annum proximum venientem, deponemus penes thesaurarium domus fratrum predicatorum in Accon, qui ea custodiat quousque nobis vel nostro mandato satisfeceris de vigintiquinque milibus bisanziorum supradictis sicut superius designatur. Quibus sic solutis omnia illa instrumenta seu privilegia, idem thesaurarius, tibi Almarrico vel tuis heredibus aut mandato restituere ac tradere teneatur. Quod si forte tu vel tui heredes indigeredis, ante complementum dicte solutionis vigintiquinque milium bisanziorum aliquo privilegio seu instrumento, sic deposito, volumus et mandamus, quod ille depositarius, recepta prius ydonea cautione a te vel tuis heredibus de illo restituendo sue custodie ad suum mandatum, illud instrumentum seu privilegium unde indigeres tu vel tui heredes, tibi vel tuis heredibus tradat et exhibeat ostendendum pro tuo jure servando. Que omnia et singula supradicta sic attendere et observare et contra non facere promittimus et convenimus bona fide, nos supra nominati magistri et conventus domus Hospitalis Theutonicorum nomine nostro et eiusdem domus, tibi Almarrico Barlays tuisque heredibus ad penam quatuor millium marcarum argenti. Quam penam tibi et tuis heredibus promittimus et tenemur si faceremus contra predicta vel aliquo predictorum. Et pena soluta vel non, ea omnia et singula rata sint. Pro quibus et singulis predictorum taliter adimplendis, obligamur tibi tuisque heredibus nomine nostro et dicte domus theutonicorum nos, et nostros successores, et ipsam domum et bona dicte domus. Renuntiando omni juri et exceptioni, ac beneficio ecclesiastico et civili quo vel quibus nos vel dicta domus possemus defendere vel tueri a predictis vel aliquo predictorum, seu facere vel venire contra. Et ego Almarricus Barlays, pro me meisque heredibus promitto et convenio bona fide, vobis magistro et conventui domus Hospitalis Theutonicorum pro vobis et ipsa domo, semper firma et rata habere et tenere omnia et singula suprascripta, et in nullo contra facere vel venire sub pena quattuor milium marcarum argenti. Quam penam vobis solvere promitto pro me meisque heredibus, si ea omnia et singula predictorum non observavero vel contra factum apparuerit, et pena soluta rato manente contractu. Hoc tamen expresso videlicet, quod si contingat me vel meos heredes deficere in observanda promissione facta de solutione seu complemento annuo faciendo de quantitatibus bisanziorum superius expressorum, Quod in eo casu, ego, nec mei heredes, non incurrimus penam nisi mille bisanziorum pro quolibet anno quo defecerimus in ea promissione complenda seu solutione ego vel heredes mei vobis magistro et conventui nominatis, et tali pena soluta rata maneant sic promissa. Pro quibus omnibus et singulis taliter observandis, ego dictus Almarricus pro me meisque heredibus obligo vobis magistro et conventui sancte Marie Theutonicorum me ac meos heredes et omnia bona mea, et specialiter nominata casalia Arabie et Zaccanyn cum eorum pertinentiis. Renuntians omni juri, et exceptioni atque beneficio, que aut quibus me possem defendere aut tueri, a predictis vel aliquo predictorum, aut facere vel venire contra et omni etiam assisie atque consuetudini. Item ego dictus Almarricus Barlays, promitto et convenio vobis magistro et conventui domus Hospitalis Theutonicorum quod bona fide pro posse meo procurabo, et studebo, quod dominus Rex Cypri illustris dominus Regni Jerosolimitani, ante Kalendas Maij proximo futuras, confirmabit per suas patentes litteras, obligationem suprascriptam que feci vobis de casalibus Arabie et Zaccanyn cum eorum pertinentiis, pro solvendis sicut superius designatur vobis vigintiquinque milibus bisanziorum terminis constitutis. Et si istud procurare nequiero promitto et teneor vobis dare, ydoneam cautionem, per totum mensem Maij proximum futurum predictum, de complenda vobis solutione ipsorum vigintiquinque milium bisanziorum in terminis, et modo superius denotatis. Quod si neutrum istorum non fecero, ego dictus Almaricus pro me meisque heredibus promitto et convenio vobis magistro et conventui domus Theutonicorum solvere et dare nomine pene quingentas marcas argenti et pena soluta rato manente contractu. Pro quibus taliter observandis obligo vobis me ac meos heredes et bona et nominatim dicta casalia Arabie et Zaccanyn cum eorum pertinentiis. Renuntiando omni juri et exceptioni civili et ecclesiastice ac assisie et consuetudini, qua vel quibus possem me defendere vel tueri, aut facere vel venire contra. Nos itaque prenominatus magister et conventus domus Hospitalis Theutonicorum pro nobis et dicta domo promittimus et convenimus bona fide, tibi Almarrico Barlays pro te tuisque heredibus, quod postquam nominata viginti quinque milia bisanziorum soluta fuerint nobis sicut superius continetur, magister et conventus eiusdem domus, postquam a te vel tuis heredibus de hoc fuerint requisiti, per patentes litteras magistri et conventus eiusdem bullatas bulla plumbea eiusdem domus, quitabunt te ac tuos heredes et bona, et nominatim casalia Arabie et Zaccanyn, cum eorum pertinentiis ab omni et de omni ac toto eo, quod a te vel tuis heredibus aut ab altera persona vel loco pro vobis, nos vel dicta domus nostra Theutonicorum petere vel exigere posset, pro predictis seu super predictis casalibus Arabie et Zaccanyn vel eorum pertinentiis quacunque occasione, vel re, seu jure aut quovis modo, sive etiam pro concessione elemosine vel qualibet alia concessione, sive occasione venditionis, vel alicuius confirmationis, de dictis casalibus Arabie et Zaccanyn vel eorum pertinentiis in totum vel in parte, facte vel factis, domui Hospitalis Theutonicorum. Et in super omnia instrumenta et privilegia siqua inde haberemus nos vel dicta domus vel alia persona pro nobis restituemus tibi vel tuis heredibus sine fraude. Quas litteras quitationis et restitutionem instrumentorum et privilegiorum promittimus tibi vel tuis heredibus facere et dare, infra unum mensem quod solutio dictorum vigintiquinque milium bisanziorum ut supra dicitur fuerit per completa. Sin autem, promittimus et convenimus tibi aut tuis heredibus solvere et dare, pro pena et nomine pene octo milia Marcarum argenti, et pena soluta rata per maneant sic promissa. Et pro hiis taliter adimplendas, nos predictus magister et conventus domus Hospitalis Theutonicorum nomine nostro et dicte domus obligamus, tibi Almarrico et tuis heredibus, nos et nostros successores, et dictam domum nostram et bona eiusdem domus. Et specialiter obligamus propterea tibi duo nostra casalia sita in planitie Acconis, videlicet Cafariasif et Saphet cum omnibus eorum pertinentiis. Renuntiantes omni juri et exceptioni tam ecclesiastice quam civili quibus possemus nos tueri, aut facere vel venire contra. Statuentes nos dicti fratres Popius magister, frater Hermannus tenens locum magni preceptoris Accon, frater Conradus hospitalarius, frater Petrus castellanus, frater Almarricus drapperius et tenens locum marescalci et frater Galterius thesaurarius dicte domus, cum conventu eiusdem domus, pro ipsa domo ex una parte, et ego Almarricus Barlays pro me et meis heredibus ex altera. Quod si qua partium caderet in aliqua predictarum penarum. Quod illam penam teneatur solvere, alteri parti infra unum annum proximum quod in eam ceciderit. In super nos ambe dicte partes voluntarie ac concorditer supponimus nos de parendo cum de predictis et singulis predictorum si necesse fuerit, coram venerabili patre domino Patriarcha Jerosolimitano. Jurisdictioni sue pro premissis et singulis predictorum inviolabiliter observandis, nos specialiter committentes. Et quod unam, quamque partem ad ea et singula observanda, ecclesiastica censura compellat. Renuntians quelibet pars omnibus et singulis privilegiis et indulgentiis impetratis et impetrandis, et assisiis, et consuetudinibus, et juribus atque rationibus quo vel quibusque aliqua nostrarum partium posset eximere vel opponere seu defendere, quin subsit foro ac Jurisdictioni domini Patriarche Jerosolimitani de predictis et singulis predictorum. In quorum omnium testimonium, presentes litteras patentes fieri fecimus sigillis nostris cereis roboratas. Verum tamen sciendum est, quod duo privilegia continentia de verbo in verbum sicut superius designatur debent fieri, infra quindecim dies proximos venientes. Que bullabuntur bullis plumbeis domus Hospitalis Theutonicorum et bullis plumbeis Almarrici Barlays. Quorum privilegiorum sic bullatorum, unum debemus habere nos magister et conventus Theutonicorum pro nobis et ipsa domo, et aliud ego dictus Almarricus pro me meisque heredibus. Quod sic inter nos facere promittemus bona fide.

Datum et actum in Accon. Anno domine Incarnationis Millesimo ducentesimo quinquagesimo tertio, mense Junio sexta die mensis eiusdem. Horum autem testes sunt, a nobis partibus supradictis rogati, dominus N. episcopus Bibliensis, dominus Adam Archidiaconus Acconis, dominus Bao, dominus Blance Garde, dominus Tybaldus de Bessan, dominus Stephanus Selvagninus, dominus Symon de Capite, dominus Aymarri de Caymon, dominus Petrus de Ladona et Nicola presbiter, dicti mei Almarrici Barlays, et dominus Jacobus Vitalis. Et de fratribus Hospitalis Theutonicorum insuper, frater Balduinus minor preceptor, frater Henricus vice prior ecclesie Theutonicorum in Accon, frater Wolfrao capellanus magistri predicti, et frater Johannes, socius noster fratris Popii magistri superius nominati.

(Original. — Ouverture pour le sceau qui a disparu.)

Id., ibid., n° 291.

1255, 9 octobre. Henry, archevêque de Nazareth, et son chapitre donnent à Madius de Marino (Génois) deux charrues de terre au casal de Saphorie.

Per presens scriptum pateat universis quod Nos Henricus Dei gratia Archiepiscopus et capitulum Nazarenum recognoscentes grata et accepta servitia, que dilectus noster in Christo dominus Madius de Marino januensis, Acconis habitator, nobis et Ecclesie Nazarene liberaliter impendit, damus unanimitur et concedimus eidem et heredibus suis ex se legittime descendentibus, duas carrucatas de terra liberas et francas in Saphoria casali nostro, cum duabus voltis ibidem cum terminis et finibus suis, sicut eas olim tenuit in burgisiam, Radulfus Anglicus ab Ecclesia Nazarena. Item damus eidem et heredibus suis predictis, quandam domum in Nazareth, cum quadam terra ubi sunt arbores olivarum; et quandam peciam terre ad vineam plantandum, perpetuo possidendas et habendas. Fines vero predicte domus de Nazareth sunt tales. Ab oriente est quedam casa ipsius Ecclesie. Ab occidente vero est Casa Petri de Berito. Ab aliis partibus est via publica. Fines vero olivarum sunt ab oriente quedam foresta et terra ipsius Ecclesie. Ab occidente est quidam locus desertus eiusdem Ecclesie. Ab una parte est terra condam syr Ayseti, fines vero predicte terre ad vineam plantandum sunt tales. Ab oriente est terra Georgij scribe. Ab occidente vero est vinea Johannis Fabri. Ab una parte est via que ducit ad casale Aylot[1]; et siqui alij sunt confines que omnia supradicta novimus et invenimus nostro et predecessorum nostrorum tempore fore data seu concessa olim in burgisiam quibusdam burgensibus Nazaret et Saphorie, et postmodum ad nos reversa illis decedentibus sine heredibus ex se natis. Ut igitur predicta nostra donatio seu concessio rata et firma permaneat semper sicut superius est expressum obligamus nos et bona nostra nostrosque successores eidem domino Madio et heredibus suis ex se legittime descendentibus. Et possessionem predictarum rerum tradidisse ac ipsum corporaliter apprehendisse cognoscimus et fatemur. Promittentes bona fide contra premissa nullo unquam tempore venire. Set ea promittimus defendere et manutenere contra omnes eidem domino Madio et heredibus suis predictis. Ita tamen quod predicta vel aliquid predictorum nulli possit vendere seu alienare nec in aliquem vel aliquos transferre sine nostro nostrorumque successorum expressa licentia seu consensu. Salvo eciam quod de predictis omnibus exceptis domibus decimam nobis seu Ecclesie Nazarene, et in festo Annunciationis beate Marie Virginis annis singulis unum Cereum unius rotuli nobis seu predicte Ecclesie idem dominus Madius et heredes sui predicti solvere integre teneantur; in signum dominij predictorum. In cuius rei testimonium presenti scripto sigillum nostrum de plumbo apponi precepimus per dilectum nostrum in Christo fratrem Petrum Yspanum de Nazareth.

---

1. Le site de ce casal se retrouve dans le village moderne de Eılout.

Actum apud Accon in palatio nostro, Anno Domini Millesimo ducentesimo quinquagesimo quinto, nono die, octobris, presentibus magistro Guillelmo Archidiacono de Nazareth, predicto fratro Petro Yspano, presbytero Ylario, presbytero Andrea Yspanis. Alberto clerico nostro, et Sororio scriba syro. Et aliis quam pluribus.

(Original. — Un cordon de soie rouge supportait le sceau qui manque.)
Id., ibid., n° 273.

1256, 15 septembre. Jean d'Ibelin, sire de Barut, loue pour dix ans aux chevaliers Teutoniques Casal-Imbert et ses dépendances, pour une somme de treize mille besants sarrazins par an.

Sachent tuit cil qui sont et seront. Que ie Johan de Ibelyn seigneur de Baruth, ai livre en apaut des la feste de la Tous sancs premiere venant en. X. ans. La quele derrayne Annee deffenist en l'an del Incarnation nostre seigneur Jeshu Crist. M. et CC. et LX. VI. ans. A vos frere Everarth de Zahyn, grant comandeor et tenant leu de maistre en la saincte Maison del hospital de nostre dame des Alamans de Jerusalem, et as freres qui sont et seront en cele meisme maison, Casal Imbert et ses appartenances. Ce est assaveir Le Fierge, Le Quiebre, La Scebeique, Jashon, Kapharneby, Deuheireth, Benna, Samah, Laguille, Karcara et quatre guastines deshabitees. La Messerephe, La Ghabecie, La Quatranye et La Tyre, ou totes luer appartenances et ou totes luer devises, et totes luer tenehures, et totes luer raisons, et luer droitures, queus qu'eles soyent et en quelque leu qu'eles soyent. En terres laborees et non laborees, en montaignes, en valees, en plains, en boiss, en aigues, en rivieres, en pasturages, en jardins, en vignes, en molyns, en chemyns, et hors de chemins, en homes, en femes, en enfans, et en totes les autres choses qui ci sont moties et qui nen y sont moties. Por tressemile bezans sarrazinas chascun an. Les queus devant diz .xiii^m. bezans sarrazinas, vos devez payer a mei ou a mon comandement chascun an per deus termynes. Ce es assaveir .vi^m. et .v^c. besans sarrazinas par tot le meis d'Avrill, et les autres .vi^m. et .v^c. besanz sarrazinas par tot le meis de Septembre. Et en ce devant dit Apaut vos ai ie livre .xxiiij. Mantres de Canemeles Mostar plantees de mon demayne, et .viii.

Mantres de Canemeles Jeny, bien laborees et bien plantees. Les devant dites Canemeles Mostar, et Canemeles Jeny, sapees et abeurees, ayant totes luer droitures ce est assaveir de quanque appartient au labor des dites Canemeles jusques par tot le meis de Huictoure, et guares a semer .xvi. muis de ble ferus de .iii. fers. Et quant l'apaut faudra au termyne devant moti. Vos m'estes tenus de rendre a mei ou a mon comandement autant de Mantres de Canemeles aussi bien plantees et aussi bien laborees par la manyere devant dite. Si com vos l'aves receu de mei. Et se il aveneit que il y eust plus de Canemeles plantees ou de guares fais, je vos sui tenus de rendre la veilliance dou surplus; a la conoissiance de treis homee. Ce est assaveir l'un de vostre partie et l'autre de la meie, et le tiers des homes de la seignorie del Reaume de Jerusalem, tel come les deus devant dis heslirront. Et ce devant dit apaut vos ai ie livre par tel manyere, que vos estez tenus de maintenir et guarder et sauver. Les raisons et les droitures que mes Borgeis ont ou puent et doivent aveir en ma dite terre, sans aucun changement et sans aucune novelete faire ny accreistre sur eaus. Et se vos a aucun des devant dis borgeis avez a requerre aucune chose. Vos les devez mener par raison selonc les us et les costumes del Reaume de Jerusalem. Et as vilayns aussi de ma devant dite terre, vos ne devez ne nen poes accreistre sur eaus aucune novele droiture, ne prendre nule autre : que cele qui a este et est accostumee dou prendre sa en arrieres par les us et les costumes de la terre. Et se il aveneit que le devant dit apaut en tot ou partie se partist de vos mains par le seigneur del Reaume de Jerusalem, ou par celui qui sereit en son leu. Je et mes heirs vos somes tenus d'amender et de restourer toz les damages et les deffauz que vos aureyez receu au devant dit apaut es rentes de cele annee, par achaison de ce que il seroit partiz de vos mains a la conoissiance de .iii. homes establiz par la manyere com il est devant devise. Et se vos receussies damage es rentes de ce devant dit apaut, par force de Sarrazins ou d'autres mescreans. Je et mes heirs vos somes tenuz de restourer et d'amender le damage ou les damages que vos y aureyez receuz, a la conoissiance de .iii. homes par la manyere devant dite. Et se il aveneit que aucuns crestiens vos feissent damage ou damages en ce devant dit apaut par achaison de mei ou de mes heirs. Je et mes heirs vos somez tenuz d'amender le en meisme la manyere dessus devisee. Et por aucune autre chose qui avenist au devant dit apaut, soit de pestilence ou d'autre chose, Je et mes heirs ne vos en somes tenus de faire ent aucune manyere d'amende. Et acomplissant les .x. ans devant dis. Le devant dit apaut tot enterynement ou totes les choses dessus moties doivent retorner a mei ou a mes heirs, ou a noz comandemenz, sans contenz et sans delai. Sauf ce que se vos y eussies faiz amendemenz en clefices ou en ostilz que vos les peussiez aveir et enporter. Se ie nen les voloye retenir por autant come deus prodesomes esguarderent que il vausissent. Hors de labor de pierre et de chauz, que quei que labor que vos y feissiez faire; je, ne mes heirs nen vos en somes tenus de faire ent aucune amende. Et por ce que ie voeilt et outrei que totes ces choses si come les sont dessus devisees, chascune par sei et totes ensemble, soyent tenues et maintenues fermes et estables. Si que ie, ne mes heirs, ne aucun autre por nos en aucun tenz; nen puissons aler a l encontre d'aucune chose; fust en tot ou en partie. Je ai fait faire ce present escrit overt, saele en pendant de mon seel de cire, ou la guarantie de mes homes de ma seignorie de Baruth, de queus ces sont les noms. Balyan de Mimars, chastelayn de Baruth au ior, Guautier Maynebuef, Johan Babyn, Mathe de Borg et Jaque Lombart. Ce est fait en Accre, l'an del Incarnation nostre seigneur Jeshu Crist. Mil. et CC. LVI. le xvme ior dou meis de Septembre la feste de la Sancte Croiz. Et de ceste chose sont guarans qui furent present as dites covenances. Johan de Ibelin sire d'Arsur conestable et baill dou Reaume de Jerusalem au ior. Baudoin de Jbelin seneschal dou Reaume de Chipre, Phelippe de Monfort seigneur de Sur et dou Thoron, Anceau de Ibelin et Jaque de Ibelin.

(Original. — Queue d'un sceau brisé.)

Id., ibid., n° 297.

1261, 24 novembre. Le Pape Urbain IV autorise Gilles, archevêque de Tyr, à disposer, dans l'intérêt de son église, des revenus du casal de la Byudia.

Urbanus episcopus servus servorum Dei, etc., etc.

Venerabili fratri. Archiepiscopo Tyrensi salutem et apostolicam benedictionem. Devotionis tue precibus super hiis delectamur annuere que videntur de intentione laudabili provenire. Cum itaque de bonis Archiepiscopatus Tyrensis quondam casale quod

La Byudia nuncupatur, sit prout asseris per tuam industriam acquisitum, cupiasque de ipso ita disponere, quod ejus proventus ac redditus in utilitatem Tyrensis ecclesie perpetuis futuris temporibus convertantur, nos tuis devotis supplicationibus annuentes, presentium tibi auctoritate concedimus ut de casali ac proventibus seu reddititibus supradictis in ecclesia ipsa disponere valeas, prout secundum deum ad profectum ejusdem ecclesie ac divini cultus augmentum videris expedire.

Datum Viterbii VIII Kalendas Decembris, Pontificatus nostri anno primo.

(Sceau en plomb.)

Au dos :

De dispositione reddituum casalis de la hondie (*sic*).

(Archives nationales, I, 147, n° 58.)

1261, 16 décembre. Jean d'Ibelin, sire de Barut, cède à l'Hôpital Notre-Dame des Allemands des casaux et un toron situés en la terre de Barut, près du fleuve Damor, ainsi que Casal Imbert, le Fierge et le Quiebre, en la terre devant Acre pour XI mille besants sarrazins.

Ce sont les convenans qui sont entre mesire Johan d'Ybelin seignor de Barut por lui et por ses heirs d'une part, et frere Haimon le comandeor de Saiete de l'ospital de nostre dame des Alemans, et frere Conrat le tresorier de la devant dite meson, et frere Tierri de cele meimes meson, por eaus et por lor mestre et por lor grant comandeor qui est en leu de maistre et par tot lor covant, et por lor sussessors d'autre part. Tout premierement, le seignor de Barut desus nomé adone en aumoune perpetuel a tous jors mais a la devant dite maison, un touron qui est en la montaigne de Barut, qui ... nome, et privilege de cestui don sera fait et tos les casaus et toute la terre et tot ce qui est entre le flum del Damor et un autre ruisiau, qui ist de fontaines qui sont en la montaigne et au chef de son cours vient et chiet ou flum meimes del Damor, et outre celui ruisiau, par devers l'autre terre de la montaigne de Barut deus charrues francoisses de terre, et les casaus doivent estre tans et tels come el se trouvera en l'ecrit que le comandeor bailla a mesire Baudoin d'Ybelin et mesire Baudoin le porta en Chipre, et se les apartenances dou toron et des casaus qui seront nomez sestendent dela ou le ruisiau devant dit nest et sourt en amont vers orient, les Alemans doivent avoire enterignement celes apartenances de la o le ruisiau nest en amont, et de ce le devant dit seignor de Barut en amis en sessine les desus nomes freres, por eaus et por lor mestre et por lor grant comandeor qui est en leu de mestre, et por tot lor covant, et por lor sussessors, et lor en doit faire privilege, bon, et fort, valable covenable et reisnable, et il li doivent doner .v. mile bisans sarasinas en don les quels il doivent paier entre ci et deus mais, cest a savoir a la moitre de fevrier prochien venant, et de ces bisans ne doit l en faire mancion ou privilege, et ou privilege lor deit il doner plain pour defaire forterece ou toron devant dit, et de faire lor grez et lor profit en la tere et ou ruisiau desus moti, franchemant et quietemant come en lor au mone, sauf ce qui dedans les .ii. charues de tere qui sont outre le ruisiau, ne doit avoir casal ne gastine. Apres le seignor de Barut por lui et por ses heres afine as devanz diz freres, por eaus et por lor covant et por lor sussessors de sa tere qui il a devant Acre, cest a savoir Kasalimbert et le Fierge et le Quiebre et toute lor apartenances et lor droitures et lor rassons, queles que eles soient et que eles soient, dedans Accre ou dehors, sauf .ii. charruees francoises de tere que le seignor de Barut a donees a lospital de saint Iohan, tenans et touchans a la tere de Manuel, les queles doivent estre mesurees a la corde selon lusage dou roiaume et bornees en tel maniere que les Alemanz devanz diz et lor sussessors doivent avoir et tenir a toz iors mes les devanz diz leus, et lor droitures, a cens ou en apaut perpetuel ou en eschange a toz iors, ce que meaus lor pleira de ces trais por .xi^m. besans sarrasinas chascun en paies par trais termes de l an. cest a savoir chascun .iiii. mais le tiers, et se comance a l entree de novembre, de l an de l incarnacion nostre seignor .M. CC. LXI. et adonc faut le premier apaut, et les Alemans doivent paier au seignor de Barut tote ce que il li doivent de l apaut dou tenz passe, et li doivent doner .iiii^m. besanz sarrasinas outre la paie, por ce que il les a quites dou tens qui esteit a avenir de l apaut, et ceaus .iiii^m. besanz sarrasinas doivent estre paies au seignor de Barut ou a son comandement au terme des .ii. mais desus motis avec les autres .v^m. besanz, et de ceste some des .ix^m. besanz sarrasenas devanz diz, et de ce que il se trouvera que les Alemans doivent de l apaut iusque a l entree de novembre. Mesire Baudoin d Ybelin seneschau de Chipre, est tenus par les Alemans au seignor de Barut et a son comandemant de faire li paies au terme desus moti sans esloigne, et le seignor de Barut est tenus as Alemanz que il lor deit defandre et garantir les leues desus motis dou seignor dou reiaume de Iherusalem, et de toz ceaus et de totes celes qui tendront la seignorie dou reiaume devant dit qui crestien soient, ou qui seront en leu de seignor crestien, et de cestui fait de la seignorie les deit garder de tos domages, sauf ce que se dreit seignor venist ou reiaume de Iherusalem qui par reisson des reisnast et conqueist les leus desus motis sus le seignor de Barut ou sus ses heirs, ou se il preïst les leus devans dis a force, de qui en avant les Alemans ne doivent rien paier des .xi^m. besanz devanz diz, ne le seignor de Barut, ne ses heirs, de ce ne sont tenuz as Alemanz de garentir ne de deffandre et garantir encontre liglise dou fait de la disme des leus devans dit et los en doit garder de tos domages, et les Alemanz sont tenuz au seignor de Barut et a ses heirs et a lor comandemant de faire le paie chascun an des .xi^m. besanz si come il est desus devise en tel meniere que por pestilence ne por faute ne por domage que sarazins ne autre gens facent en la tere devant dite, ne es autres leus du reiaume de Iherusalem, ne por rien qui aviegne ne deit demorer que les Alemans ne paient au seignor de Barut et a ses heirs les .xi^m. besans si come il est desus devise, sauf les covenans desus motis de la seignorie et de la disme, et sanz ce que totes les assises que le seignor de Barut paieit devant ce ou donreit apres ce sus les leus desus moti, doivent estre de la some des .xi^m. besanz, et sauf ce que se la crestiente perdist la cité d'Acre, dont dex nos gart et deffande, de tant de tens come Acre sereit en la main et ou poer des mescreans les Alemans ne peieront rien au seignor de Barut ne a ses heirs, et se dex rendist Acre as crestiens, cestui fait sereit a tos iors en autel point, come il esteit devant que Acre fust perdue, et par les covenanz desus devisez. Le seignor de Barut sesi les desus nomes freres, por eaus et por lor covant et por lor suscessors des leus desus motis o totes lor dretures. Sauves les .ii. charrues de tere desus moties, et de ce est tenu que il lor deit faire previlege bon et fort, valable, covenable et reisnable, et les Alemans doivent faire a lui privilege de la paie devant dite, tel que reseit bon et fort, valable, covenable et reisnable, a lui et a ses heirs, et toz les parvileges desus motis doivent estre parfais et saeles de plomb, et livres as parties a la Pentecoste prochaine venant. et sil i eust descort empartie des diz et de la devise des previleges, la discort deit estre adrecie et amande par mesire Baudoin d'Ybelin seneschau de Chipre, et par sire Philipe de Novaire, et par sire Baudoin de Noores, qui a la requeste des deus parties ont pris seur eaus que il adreceront le descort o conseill que il auront a bone foi, et se le grant comandeor et les freres ne se tenissent apaiez de ces traiz desus nomes. il puevent metre de par eaus .I. lequel que il vouront, et le seignor de Barut, et autre et les deus doivent apeler le tiers, et les .III. seront a adrecier et a amender se nul discort i fust en la devise des previleges, et le devant dit seneschau a pris sus lui por l'une partie et por l'autre, que il fera tenir et accomplir tos les covenanz desus motis, iusque atant que les previleges soient parfaiz et livres as deus parties, et por remambrance et en garantie de tos les covenanz desus motis. par la volente des deus parties sont faites .II. chartres d'une tenor, saelees dou seau dou seignor de Barut, et du seau de mesire Baudoin d'Ybelin le seneschau devant... Conrat le tresorier de lospital de nostre dame des Alemans, ce fu fait en l an de l incarnacion nostre seignor .M. CC. LXI. le vendredi a .XVI. iors de decembre, dont ces se .... ens et garens desus nomes, mesire Baudoin d'Ybelin seneschau de Chipre et sire Phelipe de Novaire et sire Beaudoin de Nores.

(Original. — Cette charte porte les deux sceaux de cire rouge qui sont figurés ici.)
Id., ibid., n° 296.

Sceau de Jean d'Ibelin, sire de Barut.

Ce premier sceau représente un cavalier armé de toutes pièces galopant à gauche; l'écu, la cotte d'armes et la housse du cheval portent la croix des Ibelins.

Légende :
SIGILLUM JOHANIS IBELINI DOMINI BERITENSIS

Sceau de Baudouin d'Ibelin, sénéchal du royaume de Chypre.

Ce second sceau est également aux armes des Ibelins (d'or à la croix pattée de gueules).

Légende :
S. B. DE : YBELIN SENESCHAL D ... REAUME D. CIPRE

1271, 16 février. Accord entre Agnès de Scandelion, épouse de Guillaume de l'Amandelée, et F. Conrad de Anenelet, grand précepteur de l'hôpital N.-D. des Allemans.

In nomine Dei. Amen. Per presens publicum instrumentum pateat universis quod in presencia mei notarii publici et testium infrascriptorum, nobilis domina Agnes de Scandelion uxor domini Guillelmi de l'Amandelee volens consdescendere voluntati religiosi fratris Conradi de Anenelt magni preceptoris domus Allamanorum Jerosolimitane propter multa et grata servicia que domus Allamanorum ei contulit temporaliter retroactis ex certa sciencia et non per aliquem errorem sciens se non teneri ad hoc efficaciter. Promisit per se heredes suos vel alium non movere aliquam questionem brigam seu littigium in curia vel extra contra domum et conventum Allamanorum occasione apaltus inhiti inter dominum Guillelmum de l'Amandelee virum suum et dictam domum Allamanorum, et annij redditus videlicet sex milium et quadrigentorum bisanciorum sarracenatorum vel aliqua alia occasione vivente dicto domino Guillelmo viro suo et non facere moveri, set si aliquis moveret vel movere vellet in quantum poterit salva honestate sua impediet, sub pena mille bisanciorum sarracenatorum cum refectione dampnorum et expensarum et pena solutum vel non, et dampnis et expensis refectis vel non, nichilominus omnia singula supradicta in sua permaneant firmitate, et pena tociens commitaturet exigi possit cum effectu, quociens contra predicta vel aliquod predictorum fuerit ventum vel venire presumptum. De quibus dampnis et expensis credatur simplici verbo dicti preceptoris vel alicuius alterius qui pro dicto domo peteret ab eadem domina vel ab heredibus eius sine aliqua alia probatione et taxatione judicis, pro quibus omnibus et singulis observandis et adimplendis obligavit prefata domina eidem preceptori recipienti pro dicta domo omnia bona sua mobilia et immobilia habita et habenta. Renuncians omnibus exceptionibus et deffensionibus sibi pateranchitibus (*sic, pertinentibus?*) contra predicta vel aliquod predictorum et omnibus aliis beneficiis seu privilegiis consuetudinibus et statutis quibus a predictis vel aliquo predictorum posset se tueri deffendere vel juvare, denuo, prefata domina omnia et singula supradicta tactis sacrosanctis euvangeliis juravit corporaliter de habere rata et firma et inviolabiliter adimplere et contra non venire per se vel alium aliquo ingenio vel arte. Actum Accon, in domo Sancte Marie Allamanorum Jerosolimitane. Anno domini .м°. cc°. LXX primo indictione .xv^{tos}. die xxi^{tos}. mensis februarii, presentibus predicto fratre Conrado magno preceptore dicte domus Allamanorum, fratre Nicolao, draperio, fratre Johanne de Saxo thezaurario, fratre Frederico, fratre Henrico, fratribus dicte domus, magistro Accurso, advocato. Testibus ad hæc specialiter vocatis et rogatis. Et ut hinc publico instrumento fides eflcatior haberetur, predicta domina Agnes sigillum suum presenti instrumento apposuit.

Ego Johannes clericus Acconensis, assisius ecclesie sancte Crucis, sacrosancte romane ecclesie auctoritate notarius predictis interfui rogatusque scripsi et in hanc publicam formam redegi.

Original (natte de parchemin retenant le sceau qui manque aujourd'hui).
Id., ibid., 507.

1277, 1er juin. Traité de commerce et de navigation entre Boemond VI, prince d'Antioche et comte de Tripoli, et Jacques Contarini, doge de Venise.

In nomine patris et filij et spiritus sancti Amen.

Je Boemond, par la grâce de Deu, prince d'Antioche et conte de Triple, fais asaveir a toz ceaus qui sunt et qui avenir sunt, que ie a la preere et a la requeste del noble Jaque Conterin haut dux de Veneze, par la main de nostre chier ami Johan Zen son honorable message, et por la grant dilection que ie ai el susnome dux et en son commun, o bon corage et o bone fei doins et otrei et conferm a vos devant nome noble dux, et a tot le commun de Veneze, franchise en ma cite de Triple, et en ma seignorie, cest asaveir alant, venant, entrant, issant, demorant, vendant, achetant, par mer et par terre. Sauf que si autre que Venecien porte aveir de Venecien, ou sil le trait de la vile, ou il le mete, ou sil fait escrire vente ou achat d'aveir de Venecien, il est tenuz de payer la dreiture coneue; et si Venecien mete aveir en la vile qui deve .II. drettures, il est tenuz au vendre de faire venir l'achetor, et faire escrire la vente en la fonde, et sil nen le faiseit, il est tenuz de payer la dreiture por lachetor. Et si Venecien vent de dens la vile aveir a menu qui deive .II. dreitures; il est tenuz ausi de payer la dreiture por lachetor. Et si venecien teneit estacon por faire regraterie, de quanque il achetera en la fonde ou a la mer, il deit payer la dreiture coneue. Et si Venecien trait verre brize de la vile, il est tenuz de payer le dihme. Et si Venecien leleve son vasseau a autre que a venecien, ou que le nocler seit autre que Venecien, il deit payer la tercerie; ou sil loe autres mariners que veneciens amener son vasseau, et il lieve son charge ou partie, il est tenuz de payer la tercerie, por les mariners. Et si vasseau de Venecien vient a Triple ou son charge ou o partie, et que il ait passe palagre, et le nocler nen seit Venetien, il deit payer l'ancorage. Et si Venecien porte en la vile peisson ou autres choses qui devent .II. dreitures qui teignent a la pescherie, et il les vent amenu, il est tenuz de payer la dreiture por l'achetor. Et si Venecien achate ble, ou leuns por revendre; il est tenuz de payer de chascun bezant une maille de dreiture. Et si Venecien achate huyle en la vile, il est tenuz de payer por mezurage, et por dreiture de chascun bezant; une maille. Et si Venecien a heritages ou phye en Triple ou en aucune part de sa mer; il sera rendable, et sauf ensement la dreiture darches. Et vos otrei que vos puissies aveir en Triple Baill et Prizon, et Cort liberal a conoistre dreit, et a juger toz voz Veneciens, sauf de murtre et de traison, et de larracin, et de rathe, et de tote justize de sanc. Et que vos et totes voz choses sees sauf et seur en tote ma seignorie, alant, venant, estaiant, ausi come les autres francs homes conversans en ma terre. Et sil aveneit que vaissel ou vaisseau del home de Veneze brizasent en ma seignorie de Triple, ou autres vaisseaux ou il y eust veneciens ou aveir de Venecien; que les homes et lur aveir deit estre sauf et seur par tote ma terre. Et ie, ou celui qui sera en mon luec, manderons gens covenables por garder et sauver les choses a ceaus a cui eles sunt, par ce que nul home ni pu'se metre main. Et ensi come les choses se deliveront, seront rendues au Baill ou a celui qui sera en son luec, sanz dilation. Et si aucun Venecien y moreit, et nen se trovast present, je ou celui qui sera en mon luec fera livrer totes les choses qui seront coneues del mort, ou d'autre Venecien en la main del Baill. Et sil aveneit que le Baill ou autre par son comandement eust receu de naufrage autre aveir que de Venecien et en aucun tens fust coneu, et ie en fuisse certains; que le Bail ce que il aureit pris ou aureit fait prendre, est tenuz de rendre a mei ou a celui qui sera en mon luec. Et si celui Baill se partoit de Triple, avant que il eust rendu les choses, le Commun de Veneze est tenuz de rendre les a mei ou a celui qui sera en mon luec. Et si aucun Venecien toleit riens d'aveir d'autrui de naufrage, le Commun est tenuz de faire le rendre des choses de celui. Et li dux doit faire de lui justize, come de robeor de naufrage, se il estoit en son poeir. Et les homes que ie ou icelui qui sera en mon luec enveerons por garder et sauver les choses qui seront trovees et delivrees del naufrage; les seignors des choses deivent finer o eaus por le travail au meaus qui porront selonc le fait. Et sil aveneit que corsaire ou robeor Venecien par mer, ou par terre, toleit riens de mes homes, ou de ceaus qui sunt en ma seignorie, ou de mes vaisseaus, ou des vaisseaus de ma seignorie, le Commun de Veneze le deit faire amender a ceaus qui averont fait le mesfait, sil ont dequei, et faire iustize deaus come de corsaires sil sont au poeir del Commun. Et s'il nen aveent choses dequei il le peussent faire amender, et il eussent fiz ou filles, que selonc la conoissance del Dux eussent ou eussent eu de lur pere chose qui fust de la roberie, le Dux le deit faire amender de lur biens, de tantes choses com il averont eu. Et si les robeors ou les corsaires non esteent en lur poeir, il les devent faire banir a toz iors mais de tote lur seignorie, et de lur poeir. Et sil aveneit que le Commun de Veneze armassent galees ou autres vaisseaus por aucune guerre quil eussent, et par mesconissance il feissent a aucun damage de mes homes ou as homes de ma seignorie, ou a mes vaisseaus ou as vaisseaux de ma seignorie, le Commun est tenuz de rendre l'aveir, et damander le mesfait selonc ce que avera este. Et des vaisseaus estrangiers qui moveront de mon port par tote ma seignorie en mes riveres, et en mes aigues tant come eles durent, et il fussent encoutres d'aucuns Veneciens, lesquels eussent arme por le Commun, et eussent damage par eaus, le Commun de Veneze est tenuz d'amender tot le damage a mei ou a celui qui sera en mon luec. Et sil fussent corsaires ou robeors, que deit estre fait d'eaus, et de lur fiz et de lur filles par la maniere com il est dessuz devize. Et sil aveneit que aucun Venecien moreit en ma terre o testament ou sanz testament, je vos otrei que le Baill en face selonc les costumes de Veneze des choses del mort par ensi; que le Baill ou celui qui sera en son luec ne puisse traire l'aveir de ma seignorie tant que il m'ait satisfait ou a aucun de mes homes se il riens deust a mei, ou a mes homes, et que il ayt termine d'un an. Et si aucun le voleit dedens l'an traire, que il fust tenuz de doner a mei ou a celui qui sera en mon luec gage ou plege qui vaille la montance de la dete que sera demandee au mort. Et je vos otrei que vos puissies aveir et tenir en Triple, fonde et bains, et for, de vostre achat, ou de vostre edifiement. Et est asaveir que ce susmoti don et franchize que ie vos ai done, ensi com il contient en ce present privilege, deit durer tant com ie et mes heirs vorrons, et totes les feis que il plarra a mei et a mes hoirs, que nos puissons totes cestes susdites choses rapeler, et que eles deent del tot cesser, c'est a saveir del jor que ie ou mes heirs l'aurons fait asaveir au Baill qui sera a Triple, ou a celui qui sera en son luec iusques a un an poes uzer toutes les susmoties choses et non plus, et au parfait de lan; je et mes heirs devons remaindre quites de totes cestes devant moties choses. Sauf que si vos avees achete, ou edifie fonde, bains, et for en ma cite de Triple, quil vos deent remaindre. Et a ce que ce devant dit don et franchize et otreien la maniere dessus devizees seent plus manifestes et plus fermes et estables, je ai fait garnir et confermer ce present privilege de mon seau principal de plumb. De mes homes liges sunt garent; Johan seignor dou Botron, Guillelme de Farabel, conestable de Triple et seignor dou Puj, Johan, mareschal de Triple, Bertheleme de Gibeleth, Johan Dangervile, Johan de Hazard, Nichole Arra, Gui dou Patriarche, Johan Lanfranc, Romain de Rome. Done en mon palais a Triple, en l'an del incarnacion Ieshu Crist .M. .CC. LXXVII. au premier ior de juin. Le premier an de mon prince et de mon conte.

Original (traces d'un sceau qui a disparu).

Busta 9, 96. Actes diplomatiques restitués par le gouvernement autrichien.

1278. Mariage de Boemond VII[1], prince d'Antioche et comte de Tripoli, avec Marguerite, fille de Louis d'Acre, vicomte de Beaumont.

In nomine Domini Jhesu Christi amen, anno nativitatis ejusdem 1278, die jovis, 20ª mensis januarii, sextæ indictionis, regnante Domino nostro Karolo Dei gracia illustri rege Jherusalem, Siciliæ, ducatus Apuliæ et principatus Capuæ, Almæ Urbis senatore, Andegavi, Provinciæ Forcalquerii et Tornodori comite, romani imperii in Tuscia per sanctam romanam ecclesiam vicario generali, regnorum ejus, Jherusalem anno 2°, Siciliæ vero 13°, in præsentia excellentium principum Dominorum Philippi Dei gratia imperatoris Constantinopolitani, dicti regis Caroli, et dominæ Margaritæ reginæ consortis suæ, venerabilium patrum Dominorum Ayglerii archiepiscopi Neapolitani, Petri episcopi Capdaquensis, mei Johannis notarii et testium subscriptorum ad hoc specialiter vocatorum et rogatorum, venerabilis magister *Simon Parisiensis* archidiaconus Anteradensis, et nobilis vir Dominus *Guido de Patriarcha* miles, nuncii eo procuratores magnifici viri domini Boemundi principis Antiochiæ et comitis Tripolitani, habentes ab eodem principe in solidum mandatum et potestatem ad faciendum omnia et singula infrascripta, prout apparet per patentes litteras ejusdem principis ab eisdem dominis imperatore Constantinopolitano, rege Karolo, ac regina consorte sua, archiepiscopo Neapolitano et episcopo Capdaquensi plenè visas, et a me dicto notario diligenter lectas, munitas ipsius principis pen-

---

[1]. Boemond VII, fils de Boemond VI et d'Isabelle d'Arménie, succéda à son père au mois de mai 1275. Il mourut sans enfants le 19 octobre 1287.

denti sigillo de cera rubea in forma rotunda, in medio cujus erat imago cujusdam hominis armati cum vexillo in manu dextra, sedentis supra quemdam equum et ferentis quodam crux, et in circuitu ipsius sigilli erant litteræ tales : ✝ *B. prep. Antioch. et comes Tpol. fili principis et Com.*; quorum litterarum tenor de verbo ad verbum inferius continetur ; auctoritate litterarum ipsarum ac procuratorio nomine et pro parte ipsius domini principis, inter ipsum dominum principem de parte una et domicellam Margaritam filiam quondam magnifici viri Domini Lodoyci vicecomitis Bellimontis filii quondam inclite recordationis Johannis regis Hierosolimæ ex altera, matrimonium et sponsalia tractantes et etiam paciscentes vice et nomine et pro parte ipsius principis constituentis eidem domicellæ futuræ uxori dicti principis dotarium 10000 bysantiorum Tripolitanorum aureorum percipiendorum per domicellam eamdem vel alium pro ea annis, singulis, per quatuor terminos, singulis scilicet tribus mensibus anni cujuslibet in redditibus civitatis Tripolitanæ, videlicet in *Drina, Paudico, Buchaira,* et *Tintoria* civitatis ejusdem, et si supradicti redditus non sufficiente vel deficientes existerent ad summam supradictam percipiendam, totum illud quod deficeret ad complementum eorumdem 10000 bysantiorum constituerunt eidem domicelle in redditibus cameræ principis supradicti. Et in continenti post institutionem hujusmodi, domini procuratores isdem vice, nomine et pro parte ipsius principis et pro eo predictum matrimonium et sponsalia cum eadem domicella per verba de presenti firmantes, domicellam ipsam vice ac nomine ipsius principis et pro eo affidaverunt in hunc modum, videlicet quod idem Dominus archiepiscopus Neapolitanus interrogavit 1° procuratores eosdem per hæc verba, dicens : « Domine Guido de Patriarcha, miles et procurator magnifici viri Domini Boemundi principis Antiochiæ et comitis Tripolitani, te magistro Simone Parisiensi archidiacono Anteradensi conprocuratore ipsius domini Guidonis presente, volente, consentiente et mandante, placet tibi procuratorio nomine et pro parte predicti domini principis et pro eo, per verba de presenti recipere in uxorem legitimam ipsius domini principis domicellam Margaritam filiam quodam domini Lodvici vicecomitis Bellimontis, quæ hic est? » Et ipse dominus Guido, presente, volente ac expresse consentiente et mandante predicto magistro Simone comprocuratore suo, respondit incontinente : « Placet. » Et immediate idem archiepiscopus Neapolitano interrogavit eamdem domicellam Margaritam, dicenti : « Et tu domicella Margarita, filia quondam domini Ludovici vicecomitis Bellimontis, placet tibi verba de presenti recipere in maritum legitimum magnificum virum dominum Boemundum principem Antiochiæ et comitem Tripolitanum? » Et illa respondit: « Placet. » Et incontinenti idem dominus Guido de Patriarcha, predicto magistro Simone archidiacono Auteradensi, conprocuratore suo, presente, volente, consentiente et mandante, vice sua et ipsius magistris Simonis conprocuratoris sui, nomine de pro parte ipsius domini principis et pro eo, in nomine patri et filii et spiritus sancti, dictam domicellam Margaritam, quodam annulo subarrhavit.

Et hæc omnia singula per eosdem procuratores et eorum quemlibet dicta, facta, constituta et promissa, procuratores ipsi et eorum quilibet procuratorio nomine, vice et pro parte ipsius domini principis firmiter promiserunt, et in ipsius domini principis animam tactis sacrosanctis evangeliis juraverunt, quod idem dominus princeps rata specialiter et firma tenebit et habebit, dictumque matrimonium cum eadem domicella consummabit quam cito ex parte ipsius domicellæ fuerit requisitus; et in aliquo contra predicta vel predictorum aliquid nullo unquam tempore dictus dominus princeps per se vel per alium faciet vel veniet, sed ea in omnibus et per omnia plenarie ad implebit et inviolabiliter observabit.

Actum in castro Salvatoris ad mare de Neapoli, quod vulgariter dicitur castrum Ovi in capella ipsius castri, presentibus eisdem dominis imperatore Constantinopolitano, rege Karolo et regina consorte sua, Domino Karolo ejusdem regis primogenito, principe Salernitano et d....... montis sancti Angeli, domino Archiepiscopo Neapolitano et episcopo Capdaquensi, domicella Maria dicta quondam domicella Hierosolymitana, magistro Guillelmo de Fa..., preposito ecclesiæ sancti Amati Duacensis regnorum Jherosolymitani et Siciliæ vicecancellario, Domino Leonardo cancellario Achaiæ, ejusdem domini regis consiliario, fratre Jacobo de Tassy priore hospitalis sancti Johannis Hierosolymitani in Barulo, fratre Guidone Lagueppa ejusdem ordinis; domino Vaarani dapifero, Gaufrido Sarba et Johanne Jopino nuntiis illustris regis Armeniæ; magistro Rainulfo archidiacono Asianat, magistro Petro Imberti, jurisperitis, et pluribus aliis clericis et laicis testibus ad hæc vocatis et rogatis. — Et ego Johannes de Capua publicus apostolica auctoritate ejusdem domini regis Jerusalem Siciliæ notarius prædictis omnibus interfui, et ea rogatus scripsi et publicavi, meoque signo consueto signavi.

Bibl. nat. ms. f. franç. 9071, fol. 111.

1280, 23 avril. Agnès de Scandelion, veuve de Guillaume de l'Amandelée, et Joscelin, son fils, empruntent à l'hôpital N.-D. des Allemands 17000 besants d'or sarrasins.

In nomine Dei. Amen. Per presens publicum instrumentum pateat universis. Quod cum olim nobilis domina Agnes domina Scandaleonis uxor quondam nobilis viri domini Guillelmi de Ammigdalea, et Jocelinus eius filius pecuniam indigerent pro quibusdam suis negociis peragendis et pro ea invenienda satis laborassent, nec possent aliquem invenire qui vellet eis aliquam quantitatem pecunie mutuare, rogaverunt domum et fratres domus hospitalis sancte Marie Theutonicorum Jerosolimitanorum ut dictam pecunie quantitatem sibi invenirent sub quibuscumque usuris possent, et se pro ipsis in dicto mutuo principaliter obligarent, Qui dicta domus Alamannorum et fratres ipsius domus acceperunt quamdam pecunie quantitatem *a Judeis et mercatoribus senensibus* (Genensibus?) sub gravibus usuris, de mandato et voluntate predicte domine Agnetis et eius filij Jocelini, et dictam pecuniam sic mutuo receptam, tradiderunt, dicta domus Alamanorum et fratres ipsius domus, predicte domine Agneti et eius filio Jocelino, cuius pecunie quantitatis predicte cum usuris et ascensionibus, facta diligenti ratione et soldata inter dictam domum Alamanorum et fratres ipsius domus ex una parte, et dictum Jocelinum ex altera, computatis etiam denariis quos dicta domus Alamanorum pro dicto Jocelino solvit de eius mandato usque ad festum Annunciationis dominice proxime venture quod est ad viginti quatuor dies mensis marcij proxime venturi currentibus annis domini ab incarnatione millesimis ducentesimis, LXXXJ; et capit usque ad summam decem et septem millium bisanciorum auri saracenatorum et quadringentorum et sexaginta bisanciorum et octo caroblarum. Quam pecunie quantitatem predicte, Jocelinus predictus constitutus in presencia discreti viri domini Nicolai archidiaconi Acconensis, meique notarij publici et

testium infrascriptorum, ex certa scientia et non per errorem per
se et heredes suos promisit et convenit reddere et solvere religioso
viro fratri Johani de Westfalia magno preceptori dicte domus
Alamanorum locum magistri eiusdem domus tenenti pro ipsa
domo recipienti et ipsi domuj et fratribus eiusdem domus hinc ad
predictum festum Domi'ace Annunciationis proxime venture sine
briga lite et questione seu dilatione et aliqua diminutione sub
pena duppli tocius dicte quantitatis cum refectione dampnorum
expensarum et interesse reficiendorum simplici verbo dicti magni
preceptoris vel alterius qui posset petere pro dicta domo Alamanorum, sine aliqua alia probatione et taxatione iudicis que pena
tociens committatur et exigatur cum effectu, quociens contra
predicta vel aliquod predictorum fuerit ventum vel venire presumptum, et pena soluta vel non, et dampnis et expensis et interesse refectis vel non, nichilominus omnia et singula supradicta
et infradicenda in sua permaneant firmitate. Pro quibus omnibus
et singulis observandis et adimplendis, obligavit dictus Jocelinus specialiter et expresse omnia bona sua mobilia et immobilia
ac eciam casale Acref positum in terra Scandaleonis cum suis
guastinis et pertinenciis juribus et rationibus. Concedens ipsi
magno preceptori et fratribus dicte domus Alamanorum a dicto
termino in antea plenam licentiam et potestatem sua auctoritate
sine aliqua alia auctoritate iudicis predicta sua ac eciam casale
Acrefi predictum cum predictis guastinis pertinenciis et juribus
suis capiendi et hiis utendi et fruendi et in solitum retinendi, et
aliis obligandi et vendendi donec ipsis magno preceptori, et fatri-
bus dicte domus Alamanorum et ipsi domuj fuerit integraliter
satisfactum tam de sorte quam eciam dampnis expensis et interesse et pena. Supponens se et heredes suos et bona predicta in
omnibus et singulis supradictis jurisdictioni ecclesie. Renunciando
omnibus beneficiis et defensionibus sibi patrocinantibus contra
vel aliquod predictorum doli et in factum conditioni sine causa et
omnibus aliis exceptionibus et defensionibus juris et facti presentibus et futuris quibus a predictis vel aliquo predictorum posset
se defendere vel juvare et maxime liberare a pena. Insuper prefatus magnus preceptor et dictus Jocelinus rogaverunt prelatum
dominum archidiaconum Acconensem ut ipsi Jocelino volenti et
confitenti faceret preceptum de omnibus et singulis supradictis observandis et adimplendis, et quod suam auctoritatem
dicto contractui interponeret et decretum. Qui dictus dominus

4

archidiaconus Acconensis viso et audito tenore ipsius contractus dicto contractui suam auctoritatem interposuit et decretum, et precepit ipsi Jocelino volenti et confitenti ut omnia et singula supradicta ab eo promissa debeat adimplere et observare et non contra venire per se vel alium sub pena predicta, et eumdem contractum iussit sui sigilli munimine roborari. Denuo prefatus Jocelinus omnia et singula supradicta ab eo promissa juravit tactis sacrosanctis evangeliis ad sancta dei evangelia habere rata et firma et contra non venire set adimplere et solvere sine diminutione sic enim Deus adiuvet et sancta dei evangelia. Actum Accon. in domo Alamanorum predicta iuxta lectum magni preceptoris supradicti. Anno domini .M°. CC° LXXX°. indictione VIII°. die .XXIIII°. mensis aprilis, presentibus religioso viro fratre Petro de Regio de ordine predicatorum, fratre Henrico de Bolanda draperio, fratre Johanne de Saxonia locum hospitalarij tenente, fratre Honrrignono? fratre Conrado, fratribus dicte domus Alamanorum, domino Amico Acconensi dicto Lalemma, domino Raymundo Cyprensi militibus, Geggio scriba in arrabico, in dicta domo Simonis de Castro regis, Perrotino fratre sepe dicti Jocelini testibus ad hec specialiter vocatis et rogatis.

Ego Johannes clericus Acconensis assisius ecclesie sancte Crucis Acconensis, sacro sancte romane ecclesie auctoritate notarius publicus predictis interfui rogatusque scripsi et in hanc publicam formam redegi.

Original (ouverture pour passer la queue du sceau qui a disparu).
Archives de Venise. Actes diplomatiques. Miscellanea. Busta IX, 291.

1281, 16 novembre. Barthélemy de Gibelet reconnait avoir reçu de l'hôpital N.-D. des Allemands la somme de trois mille cinq cents besants sarrazins.

In nomine Domini. Amen. Per presens publicum instrumentum pateat universis, quod in presentia mei notarij infrascripti et testium subscriptorum; nobilis vir dominus Bartholomeus de Biblio filius quondam domini Bertrandi de Biblio, per se, heredes et successores suos, pactum, compositionem et concordiam habitas et initas inter prudentem virum dominum Symonem archidiaconum Anteradensem procuratorem et nuntium specialem predicti domini Bartholomei nomine et pro parte ipsius domini Bartholomei, et fratrem Johannem de Walchot procuratorem et syndicum hospitalis sancte Marie Theutonicorum. Cuius pacti, compositionis et concordie tenor, prout idem dominus archidiaconus asseruit, necnon et eidem domino Bartholomeo in qu.idam carta presente me notario et testibus infrascriptis, ostendit inscriptis et legit, per omnia talis est :

In nomine domini. Amen. Per presens publicum instrumentum pateat universis quod in presentia mei infrascripti notarij publici et testium subscriptorum ad hoc specialiter vocatorum et rogatorum, constitutus in iure coram domino Nicolao archidiacono Acconensi, officiali curie reverendi patris domini Helye dei gratia patriarche Ierosolimitani, ministri ecclesie Acconensis, apostolice sedis legati, prudens vir dominus Symon archidiaconus Anteradensis, procurator et nuntius nobilis viri domini Bartholomei de Biblio filij quondam Bertrandi de Biblio ut constitit ad instantiam et requisitionem fratris Johannis de Wacholt procuratoris et syndici hospitalis sancte Marie Theutonicorum, factam sibi pro parte domus hospitalis eiusdem procuratorio nomine pro parte militis supradicti confessus est et in veritate recognovit eundem militem dare debere religiosis viris, magistro et conventui dicte domus et domui supradicte ex causa mutui, bisantios sarracenatos mille et quingentos, de quorum bisantiorum solutione facienda magistro predicto et domui sue ad talem pactum, compositionem et concordia devenerunt predictus nuntius et procurator pro parte et nomine militis supradicti, et dictus frater Iohannes, syndicus et procurator dicte domus pro parte domus eiusdem, videlicet quod dictus miles, heredes et successores sui teneantur et debeant solvere eidem domino magistro aut locum eius tenenti in Accon hinc usque ad Nativitatem Domini proximo venturam, bisantios sarracenatos auri ducentos ad pondus Accon., et deinde quolibet anno bisantios sarracenatos auri trescentos ad idem pondus videlicet per tres annos in festo Nativitatis Domini, et quarto anno, in eodem festo bisantios auri sarracenatos quadragintos, ita ut hinc usque ad quatuor annos continue numerandos a dicto festo proxime Resurexionis Dominice in antea sit eidem magistro et domui sue per dictos terminos de dicta summa integre satisfactum, sub pena dupli totius summe predicte, eidem domui ab eodem milite et eius heredibus et successoribus componendum eidem domui, loco interesse sui, si defecerint in premissis aut aliquo premissorum, que totiens committatur et exigatur cum effectu quotiens actum fuerit contra premissa vel aliquod earundem; et pena commissa, soluta vel non nichilominus omnia et singula supradicta in sua remaneant firmitate. Obligando proinde expresse pignori dicte domui omnia bona militis supradicti pro predictis sorte et pena, dans et concedens eidem procuratori pro eadem domu et domui supradicte plenam licentiam et liberam potestatem intrandi, capiendi et vendendi tantum de bonis dicti militis auctoritate propria et sine magistratus decreto quod sibi de premissis sorte et pena integre satisfiat. Supponendo eundem, heredes et successores eiusdem et bona eorum iurisdictioni patriarche Ierosolimitani et officii sui per quos possint compelli ad observandum omnia et singula supradicta. Renunciando exceptioni doli et in factum et sine causa, privilegio fori et aliis. Exceptioni etiam non numerate pecunie et generaliter omni auxilio quo posset contra premisse venire vel aliquatenus se iuvare. Et ad maiorem cautelam domus eiusdem, tam predictus procurator militis supradicti ad instantiam et petitionem dicti syndici et procuratoris, confitendo et recognoscendo in iure et in iuditio debitum memoratum, quoniam predictus procurator et syndicus dicte domus, petiverunt ab eodem officiali unanimiter, fieri mandatum seu preceptum eidem domino Symoni procuratori dicti militis pro parte et nomine militis supradicti de solvenda integre summa predicta eidem domino magistro et domui sue predicte eius locum tenenti in terminis supradictis. Qui officialis, ad instantiam et petitionem utriusque, mandatum sibi fecit et preceptum tamquam procuratori eiusdem militis, confesso in iure de solvendo eidem domino magistro aut locum eius tenenti integre quantitatem eandem in supradictis terminis ut est dictum. Quod mandatum seu preceptum idem procurator pro parte dicti militis acceptavit. Promisit etiam idem procurator se principaliter obligando per stipulationem sollempnem eidem procuratori et syndico dicte domus pro parte dicte domus legittime stipulanti, sub pena dupli quantitatis eiusdem, quod idem miles acceptabit et ratificabit expresse omnia et singula supradicta, infra spacium duorum mensium numerandorum ab hodie per publicum instrumentum in quo contineatur tota forma instrumenti presentis. Supponendo se pro inde iurisditioni officialis eiusdem, qua pena soluta vel non omnia et singula supradicta in sua remaneant firmitate. Renunciando in hiis exceptioni doli, in factum, et sine causa et generaliter omni iuris auxilio quo posset contra premissa venire, vel aliquatenus se iuvare. — Actum est hoc Accon in domo episcopali, in loco scilicet ubi iura redduntur, sub anno domini a nativitate .M°. CC°. LXXXVJ°. indictione .XV". Die mercurij XVJ° mensis octobris. Pontificatus domini Honorii pape .IIIJ". anno secundo, presentibus discretis viris dominis Michaele thesaurario ecclesie Acconensis. Jacobo de la Colea milite. Sanctorio de Messana iurisperito, Petro Stornello clerico, Johanne dicto barberio, Dye Baculario, et me Bartholomeo notario curie supradicte publico, testibus ad hoc vocatis specialiter et rogatis. Et predictus dominus Nicholaus archidiaconus, huic publico instrumento ad instantiam predictorum procuratorum, sigillum predicte curie quo ad causas utitur appendi fecit in testimonium premissorum, acceptaverit et ratificavit expresse. Ac omnia et singula supradicta, per se, heredes et successores suos, observare et adimplere promisit ut superius est expressum. Supponens nichilominus, se, heredes et successores suos pro inde iurisdictioni patriarche Ierosolimitani et officialis eius, ac super hiis omnibus et singulis renuntians exceptioni, doli, in factum et sine causa, et generaliter omni iuris auxilio quo posset contra premissa vel premissorum aliquo venire vel aliquatenus se iuvare.

Actum est hoc in domo fratrum sancti Salvatoris de ordine sancti Guillielmi que est in plano Tripolis. Anno domini a nativitate, millesimo, ducentesimo, octuagesimo sexto, indictione .XIIIJ". die sabbati .XVJ°. novembris. Presentibus discretis et religiosis viris fratribus Johanne Piccardo, Helya Normanno, Francisco Tusco, ordinis supradicti, presbitero Petro Cappellano dicti domini Bartholomei, Ferry scribas ipsius domini Bartholomei et me Nicolao notario infrascripto, testibus ad hoc vocatis specialiter et rogatis. Et ad maiorem rei certitudinem et firmitatem, sepefatus dominus Bartholomeus, huic instrumento publico, sigillum suum proprium fecit appendi.

Et ego Nicholaus Pomedellus de Padua, filius quondam Johannis notarij de Clugia imperiali auctoritate publicus notarius, et nunc domini vicarij Tripolitani, predictis omnibus interfui, et rogatus scripsi et publicavi, meoque signo signavi.

Original. Natte de parchemin qui retenait le sceau manquant aujourd'hui.
Id., ibid., 531.

J'ai cru devoir donner également ici les sommaires d'un certain nombre de lettres des papes Jean XXII, Innocent VI et Urbain V, relatives à des sièges épiscopaux ou à des abbayes de Terre-Sainte et de Chypre.

SOMMAIRES DE LETTRES

ADRESSÉES PAR LE PAPE JEAN XXII A DES MEMBRES DE LA FAMILLE ROYALE D'ARMÉNIE.

Johannes, etc. Archiepiscopo Tersen (ou Tarsen), conferat, Thomæ Tripoli interpreti, carissimi, in Christo, filii nostri, Ossini regis Armenorum illustris, tonsuram clericalem et canonicatum in ecclesia Tersen[1]. Datum Avenione, 9 Kal. Augusti. — Anno 3°; reg. de Jean XXII, an. 3, t. I.
(24 juillet 1319.)

Johannes, etc. Ossino regi Armeniæ[2], etc. Cum ex septem fratribus ipse sit superstes eo habeat in hostes pugnare, nec possit jejunia observare uti ejus contraria valetudini, ut ordinarius loci in cujus diocesi fuerit et ipsine confessor de consilio medicorum

---

1. Le Prélat dont il est ici question est Daniel de Terdone, de l'Ordre des Frères-Mineurs.
2. Ochin ou Ossin, avant d'être roi, occupa la charge de connétable du royaume et portait le titre de prince de Gantchi.
Ce prince montra beaucoup de zèle pour faire rentrer l'église d'Arménie en union avec l'église romaine, et ce fut par ses soins que fut assemblé en 1316 le Concile d'Adana.
La lettre qui nous occupe est de l'année même de sa mort, survenue en 1320.

possit a jejuniis dispensare, et vesci carnibus permittere. Datum Avenione. Kal. Maii, anno 4°. — Reg. de Jean XXII, an. 4, t. I.

(1ᵉʳ mai 1320.)

Johannes, etc. Nobili viro Sarchis Lucæ de Assisio cancellario regis Armeniæ[1], ut ipsius confessor possit ipsum ab omni vinculo absolvere. Datum Avenione, v idus octobris, anno 5°. — Reg. de Jean XXII, an. 5.

(11 octobre 1321.)

Johannes, etc. Petro electo Jerosolimitano[2]. Significavit nobis dilectus filius nobilis vir Ossinus comes Curchi, regni Armeniæ gubernator, quod ipse de sua salute et subditorum suorum salute ac ipsius terræ honorifico statu, sollicitus terram ipsam insigniri desiderat titulo civitatis et ibidem ecclesiam ad divini nominis laudem et gloriam quam se offert honorifice dotaturum erigi in cathedralem. Nos igitur, etc., tibi committimus quatenus per te vel per alium seu alios de conditionibus et dispositione terræ prædictæ, et an terra ipsa ad hæc apta et disposita, et populosa sufficienter existat, te diligentius informes; nobis per tuas patentes, etc., facias intimare. Datum Avenione, xii° Kal. Augusti, anno 6°. — Reg. de Jean XXII, an. 6, t. I.

(21 juillet 1322.)

1326, 29 avril. Jean XXII au roi Léon V d'Arménie, pour lui recommander Germain, abbé de Saint-Georges de Mangana en Chypre.

Johannes, etc. Carissimo in Christo filio Leoni regi Armeniæ illustri salutem. Ad illa te, fili carissime, precibus nostris libenter induimus et paternis exhortationibus invitamus per quæ Deo te acceptum exhibeas et ejus perinde in tua ac subditorum tuorum personis et regno tuo tutelam et gratiam consequaris, Sane dilectus filius Germanus abbas sancti Georgii de Mangana ordinis, sancti Basilii prope Nicosiam ad apostolicam sedem accedens, nobis exposuit quod monasterium sancti Georgii Lambon ad

1. Nous trouvons dans cette lettre un nom nouveau à ajouter à notre liste des chanceliers particuliers du royaume d'Arménie.

2. Cette lettre, adressée à Pierre, ancien chanoine de Nicosie, qui fut titulaire du siège patriarcal de Jérusalem durant les années 1322 à 1324, ne paraît point avoir eu de suites, car nous ne trouvons aucune trace de l'érection de Ghorigos en évêché.

portum de Lambro prope civitatem Tarcen situm in regno tuo ejusdem ordinis per claræ memoriæ reges Armeniæ progenitores tuos dicto monasterio de Mangana fuit pia liberalitate collatum, quod ex tunc dicto monasterio de Mangana tanquam membrum capiti fuit subjectum, ac consuetum regi et gubernari, de mandato dicti abbatis de Mangana, per monachos monasterii supradicti, quodque postmodum venerabilis frater noster Johannes archiepiscopus Nicosiensis contra dictum Germanum abbatem odio rancore concepto, tibi per suas litteras intimavit, licet de hoc se intromittere non haberet, ut Macharium monachum dicti monasterii de Mangana tunc adversarium dicti abbatis ad dictum monasterium de Lambon admitteres, eique ipsius monasterii committeres regimen atque curam, tuque in præmissis omnia quæ dictus Archiepiscopus scripserat implevisti ; deinde cum Tartari regnum Armeniæ intravissent, dictus Macharius prædictum monasterium vasis argenteis, jocalibus et bonis aliis spoliavit, ex quibus tu commotus contra eum dictum monasterium de Lambon quibusdam extraneis, ut asseritur, contulisti ; ex qua collatione dictum monasterium de Mangana incurrit in gravia detrimenta. Cum igitur donationes priorum principum quæ monasteriis locisque religiosis pia munificentia conferuntur decet esse mansuras, nec delictum seu excessus ejusdem Macharii debeat in ejusdem monasterii de Mangana dispendium redundare, serenitatem regiam rogamus, monemus exhortamus attente, quatenus ob reverentiam, etc., et pro anime tue salute dictum membrum cum omnibus juribus, etc., dicto monasterio de Mangana restituas et restitui facias et in pace dimittas per monachos ipsius monasterii de Mangana gubernandum, sic autem preces, monita et exhortationes hujusmodi ad effectum plenario exauditionis admittas, quod dicto membro præfato monasterio de Mangana relintegrato et plenarie restituto, nos celsitudinem tuam dignis possimus in Domino laudibus commendare.

Datum Avinione, 3 Kal. Maii, anno x°. — Reg. de Jean XXII, an. x, t. III¹.

(29 avril 1326.)

1. Cette lettre, bien qu'adressée au roi d'Arménie, intéresse tout particulièrement le royaume de Chypre.

L'abbaye de Saint-Georges de Mangana ou de Minchane, des religieux grecs de l'ordre de saint Bazile, était l'une des plus importantes de Nicosie.

La date exacte de sa fondation ne nous est pas connue. Nous savons seulement

Johannes, etc. Carissimo in Christo filio Leoni regi Armeniæ illustri, salutem. Ad salutem cunctorum Christi fidelium, etc., habet nempe fide digna relatio veritatis suffulta suffragiis quod in terra Tartarorum jam dudum per divinæ miserationis gratiam et ministerium prædicationis verbi divini, quod nonnulli fratres Ordinis Minorum in terra prædicta exeruerunt et non desinunt exercere, multitudo indigenarum ad verum ejusdem fidei lucem est conversa, et multi alii qui ab ipsius fidei rectitudine declinabant, ad ejusdem ecclesiæ gremium sunt reversi, et sicut devote creditur et verisimiliter speratur in Domino, terræ præfatæ hominum nondum conversorum diffusior multitudinis conversio, Deo largiente succedet; Ecce igitur venerabilis frater Nicholaus Archiepiscopus Cambaliensis, dicti ordinis professor, devotione, fide, theologica scientia, experientia eo famæ præclarus, quem de fratrum nostrorum sanctæ romanæ ecclesiæ cardinalium consilio ecclesiæ Cambaliensi tunc vacanti nuper in archiepiscopum præfecimus, et pastorem ad eamdem Cambaliensem ecclesiam sponsam suam cum decenti et honesta et virtuosa comitione fratrum ejusdem ordinis, nec non ad alias terræ jam dictæ partes cum gratia nostræ benedictionis accedit; cum itaque dicto Archiepiscopo eo fratribus suis sit tui culminis favoris præsidium opportunium, attente rogamus et hortamur in Domino quatinus pro divina et apostolicæ sedis reverentiæ, et ejusdem fidei honore, cum ad tuum conspectum et locæ pervenerint, regalis benignitatis affectu recipias atque tractes, et recipi facias, etc.

Datum Avinione, 2° Kal. novembris, anno 18°. — Reg. de Jean XXII, an. xviii.

(31 octobre 1333.)

Bibl. nat. mss. f. latin, 8984. — Fol. 301.

ÉVÊQUES TITULAIRES DE BARUT.

Johannes, etc. Mathæo episcopo Barutensi, ut jam consecratus ad ecclesiam suam accedat. — Datum Avinione, 2° Kal. februarii anno 7. — Reg. Joannis XXII, ann. 7, t. II.

(31 janvier 1323.)

qu'elle fut richement dotée en 1353 par la reine Hélène Paléologue, femme du roi Jean II de Lusignan.

Ce monastere fut détruit par les Vénitiens en 1567, quand ils élevèrent les fortifications de Nicosie.

Johannes, etc. Mathæo ordinis minorum confert episcopatum Beritensem, vacantem per obitum Roberti episcopi, rejecta electione ab capitulo facta de Emanuele dicto Liland ordini minorum, ob reservationem. — Datum Avinione, 12 Kal. martii anno 7. — Reg. Joannis XXII, an. 7, t. II.

(17 février 1323.)

Johannes, etc. Mathæo episcopo Berytensi, indulget ut possit dispensare cum tribus personis a defectu natalium. — Datum Avinione, 9 Kal. Augusti, anno 17. — Reg. Joannis XXII, an. 17.

(24 juillet 1333.)

Bibl. nat. mss. f. latin, 8935. — F. 252 v°.

A la suite de la prise de Jérusalem par Salaheddin en 1187, les abbés du monastère de Notre-Dame de Josaphat, ou de la vallée de Josaphat de l'ordre de saint Benoît, se retirèrent à Acre où ils paraissent être demeurés jusqu'à la fin de la domination franque en Terre-Sainte.

Cette maison a fourni à Du Cange l'objet d'un chapitre de la Syrie-Sainte, publiée à la suite des Familles d'Outremer.

Les quatre sommaires de bulles qui suivent prouvent que ce titre survécut à la prise d'Acre et continua pendant le xiv° siècle à être conféré par les papes à des dignitaires ecclésiastiques.

Johannes, etc. Nicolao monacho confert abbatiam sanctæ Mariæ de valle Josaphat in Jerusalem, ordinis sancti Benedicti, ad romanam ecclesiam nullo medio pertinentem, vacantem pro obitum Guillelmi abbatis. — Datum Avinione, 3 Idus Maii anno 16. — Reg. Joannis XXII, an. 16.

(13 mai 1322.)

Johannes, etc. Nicolao abbati sanctæ Mariæ de valle Josaphat in Jerusalem ad romanam ecclesiam nullo medio pertinentem, ordinis sancti Benedicti, a quo voluerit antistite valeat consecrari. — Datum Avinione, Kalend. Junii anno 16. — Reg. Joannes XXII, an. 15.

(1ᵉʳ juin 1332.)

Johannes, etc. Johanni abbati sancti Petri de Pedemonte ordinis sancti Benedicti, Casertani diocesis, confert abbatiam sanctæ Mariæ de valle Josaphat Jerosolimitanam, ad romanam ecclesiam nullo medio pertinentem, ordinis sancti Benedicti, vacantem per translationem Martialis abbatis ad abbatiam sancti Andreæ de Insula Brundusina, dicti ordinis. — Datum apud Villamnovam, 2 nonae Augusti anno 4, — Reg. Innocentii VI, ann. 4.

(4 août 1356.)

Urbanus, etc. Johanni abbati monasterii sanctæ Mariæ de valle Josaphat prope muros Jherosolimitanos, etc., facit extrahi privilegium ab Innocentio secundo eis concessum, quo privilegio bona omnia ad dictum monasterium pertinentia recensentur et variæ immunitates et gratiæ conceduntur. Datum Viterbii, 15 Kalend. Junii Indictione 3 Incarnationis 1140, Pontificatus Domini Innocentii II, anno XI. — Datum apud Montemfiascorum 16 Kal. Julii anno 6. — Reg. Urbani V, an. 6.

(16 juin 1368.)

Bibl. nat. mss. f. ialin, 8985. — F. 212.

PATRIARCHES TITULAIRES DE JÉRUSALEM
RÉSIDANT EN CHYPRE.

Johannes, etc. Raymundo patriarchæ Jerosolimitano. Petitio, etc. Quod ratione patriarchatus sui Jerosolimitani ad te cura omnium fidelium in partibus terræ sanctæ consistentium nescitur pertinere, indulget ut cum docenti familia quando viderit opportunum loca Patriarchatus sui in eisdem partibus consistentia visitare possit, constitutionibus per ipsum eo Romanos pontifices prædecessores non obstantibus. — Datum Avinione, 6 Kal. septembris, anno 10. — Regist. Joannis XXII, ann. 10, t. II.

(27 août 1326.)

Johannes, etc. Episcopo Paphensi et abbati sancti Pauli Antiochensis, ut inquirant an decima quam Patriarcha Jerosolimitanus ob casala de Psimolofia, Nicosiensis diocesis, mensæ suæ Patriarchali unitum, solvit archiepiscopo Nicosiensi, excedat annis singulis 120 florenos auri; quod si non excedat non eximant dictum Raymundum Patriarcham et successores ab hujusmodi solutione. — Datum Avinione, 6 Kal. Septembris anno 10. — Reg. Joannis XXII, ann. 10, t. II.

(27 août 1326.)

Johannes, etc. Petro de Plaude ordinis prædicatorum, sacræ theologiæ magistro, confert Patriarchatum Jherosolimitanum vacantem per obitum Raymundi Patriarchæ, qui in partibus Cypri diem clausit. — Datum Avinione, 6 Kal. Aprilis anno 13. — Pro eo Hugoni regi Cypri.

(27 mars 1329.)

Johannes, etc. Petro canonico Nicosiensi confert Patriarchatum Jerosolimitanum vacantem per obitum alterius Petri Patriarchæ, qui extra dictam ecclesiam diem clauserat. — Datum Avinione, 13 Kal. Julii, anno. — 6 Alia capitulo Jerosolimitano. — Alia regi Cypri ad idem. — Reg. Johannis XXII, an. 6, t. II.

Johannes, etc. Raymundo Ordinis Prædicatorum, Theologiæ magistro, confert Patriarchatum Jerosolimitanum vacantem per obitum Petri patriarchæ. — Datum Avinione, 14 Kal. Aprilis, anno 8.

Innocentius, etc. Philippo episcopo Cavallicensi, confert Patriarchatum Jherosolimitanum vacantem per obitam Guillermi Patriarchæ. — Datum Avinione, 15 Kal. septembris. — Reg. Innocentii VI, anno 9.

(18 août 1361.)

Innocentius, etc. Ad perpetuam rei memoriam. Iis per quam litigiorum amputantur aufractus, etc. Sententiam arbitralem latam a Petro episcopo Prænestino inter Guillelmum Patriarcham Jerosolimitanum et Philippum archiepiscopum Nicosiensem super decimis omnium fructuum exerescentium in Casali de Psimolopho intra limites Nicosienses ad dictum Patriarcham nomine ecclesiæ suæ Jerosolimitanæ spectantibus, confirmat. — Datum Avinione, 8 Idus Martii, anno 4'. — Reg. Innocentii VI, an. 4.

(25 mars 1356.)

Urbanus, etc. Guillelmo Militis ordinis Prædicatorum, magistro in Theologia, confert Patriarchatum Jherosolimitanum vacantem per absolutionem et promotionem Philippi patriarchæ ad Cardinalatum. — Datum apud Montemfiasconem, 10 Kal. Julii, anno 7°. — Reg. Urbani V, anno 7°.

(22 juin 1369.)

Bibl. nat., mss. f. latin, 8985. — Fol. 198.

LETTRE DU PAPE URBAIN V

RELATIVE A LA DEMANDE DE PIERRE Ier, ROI DE CHYPRE, QUI DÉSIRE VOIR ÉRIGER UN SIÉGE ÉPISCOPAL DANS LA VILLE DE SATHALIE QU'IL VIENT DE CONQUÉRIR SUR LES MUSULMANS.

Urbanus, etc. Constantinopolitano et Gradensi patriarchis, archiepiscopo Nicosiensi, etc. Salutem. Carissimus in Christo filius noster Petrus rex Cypri nobis significare curavit, quod terra seu locus Sathalie[1] in partibus Turchiæ existens, olim fuit celebris civitas eo habitatoribus referta christicolis, ejusque ecclesia metropolitica dignitate vigebat; sed postmodum per Agarenos Turchas nuncupatos tanto tempore extitit occupata, quod vix habteur hujusmodi metropolitiæ dignitatis memoria, quodque prædictus rex cum pluribus annis elapsis eamdem terram de manibus dictorum Turcharum triumphaliter ereptam potenter tenuit et tenet ad præsens, unde idem rex cupiens dictam terram ad sui nominis famam et dignitatem certitui, eisque vigere, nobis humiliter supplicavit ut ecclesiam terræ prædictæ ad hujusmodi metropoliticam dignitatem relucere, ac ipsi idoneam personam in archiepiscopum præficere dignaremur. Nos autem de iis notitiam hujusmodi non habentes, et propterea de iis informari volentes, fraternitati vestræ de qua in hiis et aliis plenam in Domino fiduciam obtinemus, tenore præsentium committimus et mandamus quatenus vos, vel duo aut unus vestrum, per vos vel alium, seu alios, an dicta terra fuerit civitas eo ejus ecclesiæ dignitate metropolitica insignita, an ecclesiam matricem habeat quæ cathedralis fuisse reputetur, et quæ civitates de ipsius provincia fuerint, et de aliis circumtantiis universis, vos plenarie informetis, nobis quod per informationem hujusmodi repereritis per vestras seu illorum aut illius, qui hujusmodi informationes receperint, litteras, harum seriem continentes, in instrumento publico fideliter, quam cito poteritis, relaturi.

Datum apud Montem-Fiasconem, Kal. septembris, anno 6°. — Reg. d'Urbani V, an. 6.

(1er septembre 1368.)

Bibl. nat., mss. f. latin, 8981. — Fol. 319.

---

1. Sathalie, ville de la côte sud d'Asie-Mineure et qui donne son nom au golfe sur les bords duquel elle s'élève.

LES ABBÉS ÉVÊQUES DE SAINTE-CATHERINE

DU MONT SINAY.

Nous trouvons dans la liste des siéges épiscopaux relevant du patriarcat de Jérusalem que l'archevêque latin de Krak n'avait qu'un seul suffragant[1], l'évêque qui gouvernait le monastère de Sainte-Catherine du mont Sinay.

Ce prélat, nommé par les divers auteurs contemporains évêque de Pharan, de Pharaon ou du Franc, avait sa résidence au monastère du mont Sinay et appartenait au rite grec. J'ai donc cru devoir faire une place à ces prélats dans mon supplément à la Syrie sainte, d'autant mieux que j'ai établi dans mon étude sur la seigneurie de Krak et de Montréal que les religieux Basiliens du mont Sinay restèrent pendant toute la durée des croisades en union avec Rome.

JEAN originaire d'Athènes avait été élu évêque du monastère du mont Sinay en 1091, il occupa ce siége jusqu'en 1103.

ZACHARIE son successeur régit le monastère pendant 30 ans, ce fut de son temps que vers 1120 la domination franque s'éten-

---

1. Assises de Jérusalem, t. I, p. 117.

dit sur une partie de la Péninsule du Sinay qui fut depuis lors considérée comme une dépendance de la seigneurie de Krak et Montréal.

Georges qui fut élevé à ce siège après la mort de l'évêque Zacharie l'occupa durant 13 ans jusqu'à l'année 1146.

Gabriel gouverna le mont Sinay de l'année 1146 à 1163.

Jean lui ayant succédé en 1164 demeura jusqu'en 1203 à la tête des religieux Basiliens du mont Sinay. C'est durant son épiscopat qu'en 1189 la seigneurie de Krak et de Montréal retomba au pouvoir de Salaheddin, ce serait donc le dernier évêque du Sinay que nous devions compter comme suffragant de l'archevêque latin de Krak.

Siméon occupait le siège épiscopal du mont Sinay depuis douze ans quand en 1226 il reçut une bulle du pape Honorius III lui accordant ainsi qu'à son couvent et aux maisons de l'ordre de saint Basile du mont Sinay qui existent dans le royaume de Chypre la protection du Saint-Siège. Ce prélat paraît avoir quitté le gouvernement du monastère du mont Sinay en l'année 1223. La tradition dit qu'il mourut dans un âge extrèmement avancé.

Euthime son successeur ne régit ce monastère que durant quelques mois.

Macaire qui le remplaça demeura pendant quatre ans à la tête des religieux du couvent de Sainte-Catherine. Puis nous voyons se succéder sur ce siège les prélats suivants dont nous ne savons que fort peu de chose.

Georges, 1228 à 1229.
Théodose, 1229 à 1258.
Siméon, 1258 à 1265.
Jean, 1265 à 1290.
Arsène, 1290 à 1306.
Siméon, 1306 à 1324.

Dorothée nous est connu par une lettre du pape Jean XXII adressée à Hugues de Lusignan roi de Chypre le 26 mai 1328, invitant ce prince à faire payer aux religieux Basiliens du mont Sinay une rente, d'une livre d'or, sur les entrées du port de Famagouste, qui leur avait été concédée par les rois ses prédécesseurs.

Germain reçut du même pontife le 13 décembre 1333 une bulle octroyant aux religieux Basiliens du Sinay, résidant à la maison de Saint-Siméon de Famagouste, divers droits ecclésiastiques, notamment celui de sépulture dans leur église.

Marc ayant succédé à Germain en 1358 reçut le 16 décembre 1360 une lettre du pape Urbain VI confirmant diverses concessions de biens faites aux religieux du monastère de Sainte-Catherine du mont Sinay.

C'est là que s'arrête la liste des évêques du monastère de Sainte-Catherine, que je dois, en grande partie, à la bienveillance de monseigneur Jerothée, patriarche grec de Jérusalem, qui a bien voulu la faire dresser pour moi d'après les archives et les documents contenus dans sa bibliothèque patriarcale et dont plusieurs proviennent du monastère même du mont Sinay.

Pendant l'impression de ces recherches, je crois avoir retrouvé, sous le n° 17522 du supplément latin des manuscrits de la Bibliothèque nationale, le texte original du xiv° siècle auquel est empruntée la description de la Terre Sainte, au temps du prince Raymond Rupin, que j'ai publiée ici à la suite de mon étude sur la seigneurie de Krak et de Montréal.

Ce manuscrit est un Provincial acquis à Toulouse en 1864, et c'est au folio 79 que se trouve le document dont l'étude me permet de rectifier dans quelques noms propres des fautes provenant du copiste du xvii° siècle.

Ainsi, p. 17, au lieu de Cavadesnet, il faut rétablir ainsi Cava de Suet[1].

Au paragraphe suivant, c'est Tyrum et non Thiron qu'on lit sans hésitation.

Enfin, à la première ligne relative à la seigneurie de Sagette, il faut rétablir castrum Belfet (Belfort) au lieu de Belset.

---

1. Suet était un poste avancé que les Latins possédaient à l'est du Jourdain.

TABLE DES SOMMAIRES.

1163. — Charte de Raoul, évêque de Béthléem, empruntant 1,201 besants à la commune de Marseille et lui donnant en gage le casal de Ramondet et des maisons dans Acre possédés par le Chapitre de Béthléem 18

1174. 8 janvier. — Bohémond III, prince d'Antioche, concède à Pierre de Melfia, vicomte d'Antioche, la moitié du moulin de Scomodar 19

1200. Juin. — Bohémond IV accorde franchise entière à l'Ordre teutonique dans la principauté d'Antioche 20

1217. Septembre. — Hugues, roi de Chypre, confirme à Hartman, grand maitre des Chevaliers teutoniques, une donation faite à l'Ordre par le roi Amaury 21

1246. — Lettre du pape Innocent IV au patriarche de Jérusalem et à l'évêque d'Acre, les invitant à faire dégager des reliques de l'église de Béthléem sur lesquelles le Chapitre de cette basilique avait emprunté une somme de 1,500 besants . . 22

1248. — Vidimation de l'acte de cession, à Philippe de Milly, de la terre de Montréal en 1161 par le roi Baudouin (pièce donnée par Strelke, n° 3) 22

1249. — Vidimation de la donation d'un fief faite au comte Josselin par le roi Guy de Lusignan en 1186 (pièce n° 19 du cartul. de Strelke). 23

1253. 6 juin. — Accord entre Amaury Barbais et Popo d'Osterna, grand maître de l'Ordre teutonique, relativement aux casaux de Zeccanin et d'Arabia 24

1255. 9 octobre. — Henry, archevêque de Nazareth, et son Chapitre donnent à Madius de Marino, génois, deux charrues de terre à Saphorie 31

1256. 15 septembre. — Jean d'Ibelin, seigneur de Barut, cède à bail pour dix ans commençant à la Toussaint 1256 le casal Imbert et ses dépendances 33

1261. — Lettre du pape Urbain IV à Gilles, archevêque de Tyr, l'autorisant à disposer à son gré pour les besoins de son église des revenus du casal nommé La Byadia 35

1261. 16 décembre. — Accord entre Jean d'Ibelin, seigneur de Barut, et F. Aimery, commandant des Chevaliers teutoniques à Sagette, par lequel le seigneur de Barut cède à l'Ordre diverses possessions territoriales situées dans cette baronnie 36

1271. 16 février. — Agnès de Scandelion, femme de Guillaume de l'Amandelée, renonce vis-à-vis de l'Ordre teutonique, représenté par F. Conrad de Anenelt, à toute revendication de certains droits 40

1277. 1er juin. — Traité entre Bohémond VI, prince d'Antioche et comte de Tripoli, et Jacques Contarini, doge de Venise . 42

1278. — Mariage de Bohémond VII, prince d'Antioche et comte de Tripoli, avec Marguerite, fille de Louis d'Acre, vicomte de Beaumont 45

1280. — Agnès de Scandelion, veuve de Guillaume de l'Amandelée, et Joscelin, son fils, empruntent à l'hôpital Notre-Dame des Allemands 17,000 besants sarrazins 48

1281. Mercredi 16 octobre. — Barthélemy de Gibelet fait avec Jean de Walchot, procureur de la maison de l'hôpital des Allemands, un accord relativement à une somme de 1,050 besants sarrazins qui devront être remboursés en quatre ans. 50

Liste des abbés-évêques de Sainte-Catherine du Mont-Sinaï au temps des Croisades 62

INDEX ALPHABÉTIQUE.

Acref ou Acreli, casal relevant de la seigneurie de Scandelion, 50.
Adam, archidiacre d'Acre, 31.
Ade de Rua-Obscura, 19.
Agnès de Scandelion, 40-48.
Ahamant, aujourd'hui Maan, 7-9.
Alexandre, chancelier de la principauté d'Antioche, 21.
Alexandre, chanoine de Femie, 20.
Almarric, drappier, 30.
Amaury Barlais, 24, 25, 26, 28, 29, 30, 31.
Amaury de Wirzebourg (F.), drappier, 24.
André l'Espagnol, prêtre de Nazareth, 33.
Anceau d'Ibelin, 35.
Anselme Robert de Rames, 18.
Armand Barthélemy, chanoine de l'église de Bethléem, 18.
Arsène, abbé-évêque du Mont-Sinaï, 63.
Aswit (El), château, 8-9.
Aylot, casal, aujourd'hui Eilout, 32.
Aymar du Caimont, 31.

Balian de Mimars, châtelain de Barut, 85.
Barthélemy de Gibelet, 45, 50-51.

Baudouin (F.), preceptor minor des chevaliers teutoniques, 31.
Baudouin d'Ibelin, sénéchal de Chypre, 35, 37, 39.
Baudouin de Nores, 39.
Belfet ou château de Beaufort, 17.
Belinas ou Césarée de Philippe, 17.
Beni-Salem, casal de Montréal, 8.
Benna, casal qui s'identifie avec le village moderne du même nom, au nord de l'Oued-Kerkera, 33.
Boemond III, prince d'Antioche, 19.
Boemond IV, prince d'Antioche, 20.
Boemond VI, prince d'Antioche et comte de Tripoli, 42.
Boemond VII, prince d'Antioche, 45, 46, 47.
Byudia (La) ou La Houdie, casal près Tyr, 35, 36.

Canzir, casal relevant de Karak, aujourd'hui Khanzirieh, 7.
Caphila (tell es Saphieh ?), 16.
Casal Imbert, 33.
Cava de Suet, 17.
Conrad de Anenelt, grand pré-

cepteur de l'Ordre teutonique, 40.
Conrad de Minerla (F.), hospitalier des chevaliers teutoniques, 24.
Conrad (F.), hospitalier, 30.
Conrad (F.), trésorier de l'hôpital des Allemands, à Sayette, 30.
Crac (Le) ou Petra deserti, aujourd'hui Karak, 6, 10, 11, 12, 16.

Damour (Le), fleuve, 36.
David, prieur de l'église de Bethléem, 18.
Deuheireth, casal, 33.
Dorothée, abbé-évêque du Mont-Sinaï, p. 64.

Ebron ou Saint-Abraham, ville épiscopale de Syrie, 16.
Ela, ville maritime, 7, 11.
Er Remail (lieu dit), 5.
Etienne Salvagny, 31.
Euthyme, abbé-évêque du Mont-Sinaï, 63.
Everarth de Zahyn (F.), grand commandeur de l'hôpital des Allemands, 33.

Ferry, scribe de Barthélemy de Gibelet, 53.
Fierge (Le), casal qui s'identifie avec le village moderne de Fergieh, 33, 37.
Froue vio Tusco, religieux de l'ordre de saint Guillaume, 53.

Gabriel, abbé-évêque du Mont-Sinaï, 63.
Garnier Lejeune, diacre de l'église de Béthléem, 18.
Gauthier du Bessan, 22.
Gauthier de Césarée, connétable de Cypre, 22.
Gauthier (F.), trésorier de l'Ordre teutonique, 24.
Gautier Maynebeuf, 35.
Gautier (F.), trésorier, 30.
Gaza, ville épiscopale de la Palestine, 16.
Geofroy Sarba, envoyé du roi d'Arménie, 47.
Georges, abbé-évêque du Mont-Sinaï, 63.
Germain, abbé de Saint-Georges de Mangana ou Manchane, à Nicosie, 55, 56.
Germain, abbé-évêque du Mont-Sinaï, 64.
Gilles, archevêque de Tyr, 35.
Godefroid, trésorier de l'église de Béthléem, 18.
Gormond du Bessan, 22.
Guilelme de Farabel, seigneur du Puy et connétable de Tripoli.
Gui du Patriarche, 45, 46.
Guillaume de l'Amandelée, 40, 41, 48.
Guarin de Cremet, diacre de l'église de Béthléem, 18.
Guillaume de Militis, patriarche de Jérusalem, 60.
Guillaume de l'Isle, 20.
Guillaume Grossus, chanoine de l'église de Béthléem, 18.
Guillaume, archidiacre de Nazareth, 33.
Guiscard de l'Isle, 20.

Haimon (F.), commandeur des chevaliers teutoniques, à Sagette, 36.
Haymery de Lusignan, roi de Jérusalem et de Cypre, 21.
Heive le Normand (F.), religieux de l'Ordre de saint Guillaume, 53.
Henry, archevêque de Nazareth, 31.
Henry de Boland (F.), drapier des chevaliers teutoniques, 50.
Henry (F.), vice-prieur de l'église des Allemands d'Acre, 31.
L.. man (F.), tenant lieu de grand précepteur de l'Ordre teutonique, 24, 30.
Hodouin de Marrolés, 20.
Honorius III, pape, 53.
Hugues de Flamecourt, 20.
Hugues Ier, roi de Cypre, 21.

Innocent VI, pape, 54, 60.
Jacques Contarini, doge de Venise, 42.
Jacques de la Colée, chevalier, 53.
Jaque de Ibelin, 35.
Jaque Lombart, 35.
Jacques de Rivet, 22.
Jacques de Tassy, prieur de l'hôpital de Saint-Jean, 47.

— 74 —

Jacques Vitalis, 31.
Jason, casal, aujourd'hui Iathoun dans l'ouad el Mafchougd, 33.
Jean, abbé titulaire de Sainte-Marie du Val-Josaphat, près Jérusalem, 58, 59.
Jean d'Athènes, abbé-évêque du Mont-Sinaï, 62.
Jean, abbé-évêque du Mont-Sinaï, 63.
Jean d'Angerville, 45.
Jean Buccademanzo, notaire, 23, 24.
Jean de Capoue, notaire apostolique, 48.
Jean Fabri, 32.
Jean, assis de l'église Sainte-Croix d'Acre, 41, 50.
Jean Bolin, 35.
Jean de Béthléem, 18.
Jean de Hazard, 45.
Jean (F.), socius du Grand-Maître, 31.
Jean d'Ibelin, sire de Barut, 21, 33, 36, 39, 40.
Jean d'Ibelin, sire d'Arsur, connétable et bailli du royaume de Jérusalem, 35.
Jean XXII, pape, 54, 55, 57, 58, 59, 60.
Jean Lanfranc, 45.
Jean, maréchal de Triple, 45.
Jean, seigneur du Botron, 45.
Jean Picard (F.), religieux de l'Ordre de saint Guillaume, 53.
Jean de Saxe, trésorier, 41.
Jean Zen, envoyé vénitien à Tripoli, 42.
Jean de Saxe (F.), 50.
Jean du Salquin, 20.
Jean de Walchot, syndic de l'hôpital des Allemands, 51.
Jean de Westfalie (F.), grand précepteur des chevaliers teutoniques, 49.
Joscelin de l'Amandelée, 48.
Joscelin, fils d'Agnès de Scandalion, 49, 50.
Joscelin, chevalier, 18.

Kafarneby, casal, 33.
Kalaat om Gouseïr, 5.
Karcara, casal, aujourd'hui El Kerkera, 33.

Laguille, casal, 33.
Léon V, roi d'Arménie, 55, 57.
Léonard, chancelier d'Achaïe, 47.
Louis, sénéchal, 18.
Louis d'Acre, vicomte de Beaumont, 45, 46.

Macaire, abbé-évêque du Mont-Sinaï, 63.
Malius de Marino, 31.
Manuel (la terre de) ou du Manuet, 37.
Maraban (lieu dit).
Marc, abbé-évêque du Mont-Sinaï, 64.
Marescalcia, château de la vallée du Jourdain.
Marguerite de Beaumont, mariée à Boemond VII, 45, 46, 47.
Marie de Toron, 45, 46.
Martial, abbé titulaire de Sainte-Marie du Val-Josaphat, à Jérusalem, 59.
Mathe de Borg, 35.
Matthieu, évêque de Barut, 57, 58.
Michel, trésorier de l'église d'Acre, 53.
Mont-Sinaï, 3, 11, 12, 13, 14.
Montréal, 7, 8, 10, 15, 16.

Nichole Arra, 45.
Nicolas, abbé titulaire de Sainte-Marie du Val-Josaphat, à Jérusalem, 58.
Nicolas de Gibelet, chanoine de l'église de Béthléem, 18.
Nicolas, archidiacre d'Acre, 48.
Nicolas Lejaune, 20.
Nicolas Pomedellus de Padoue, notaire apostolique et vicaire de Tripoli, 53.

Ole de Maire, 20.
Orgueilleuse, veuve de Raymond, prince d'Antioche, 19.
Ossim, roi d'Arménie, 54, 55.
Ouady Gerba (le château de), 7, 10.
Ourdy Zerka (le), 6.

Pascal de Saone, 20.
Philippe, empereur de Constantinople, 45.
Philippe d'Ibelin, 21.

Philippe de Novaire, 39.
Philippe, patriarche de Jérusalem, 60.
Philippe de Montfort, seigneur de Tyr et du Toron, 35.
Pierre Chape, 22.
Pierre de Coblentz (F.), châtelain de Montfort, 24.
Pierre l'Espagnol, 32.
Pierre (F.), châtelain, 30.
Pierre l'Espagnol, prêtre de Nazareth, 33.
Pierre de Ladona, 31.
Pierre de Mellia, vicomte d'Antioche, 19, 20.
Pierre de Plaude, patriarche de Jérusalem.
Pierre, patriarche de Jérusalem, 55.
Pierre de Ravendel, p. 20.
Popon, maître des chevaliers teutoniques, 24.

Quiebre (Le), casal qui semble s'identifier avec le village moderne d'El Kabreh, 33, 37.

Raoul l'Anglais, 32.
Raoul, évêque de Bethléem, 18.
Raoul, chancelier du royaume de Chypre et archidiacre de Nicosie, 22.
Raoul de Rivera, 20.
Raymond, prince d'Antioche, 19.
Raymond Rupin, prince d'Antioche, 15, 16.
Raymond, patriarche de Jérusalem, 59, 60.
Raynald de Joppe, 18.
Richard d'Angerville, 20.
Richer de l'Erminat, 20.
Robert, évêque de Barut, 58.
Roger, connétable d'Antioche, 20.
Roger de Sourdval, 20.
Romain de Rome, 45.

Saint-Siméon (couvent de), 19.
Samah, casal, 33.
Sanctorio de Messine, jurisconsulte, 53.
Saphorie, casal voisin de Nazareth, 17, 31.
Saranjac (lieu dit), 19.
Sarkis Lucas de Assisio, chancelier du roi d'Arménie, 55.
Scebeique (La), casal, aujourd'hui Kharbet-Esbekeh, 33.
Sebaste, ville épiscopale, 16.
Sibylle, femme de Pierre d'Avignon, 19.
Siméon, abbé-évêque du Mont-Sinaï, 63.
Simon Burgevin, duc d'Antioche, 20.
Simon de Capite, 31.
Simon, cellerier de l'église de Béthléem, 18, 19.
Simon de Paris, archidiacre d'Antaradus, 15, 16, 17, 50, 51, 52.
Simon de Château-du-Roi, 50.
Sororio, scribe syrien, 33.

Théodose, abbé-évêque du Mont-Sinaï, 63.
Toron (Le), 17.
Tybald du Bessan, 31.

Urbain IV, pape, 35.
Urbain V, pape, 54, 59, 61.

Waaran, sénéchal et envoyé du roi d'Arménie, 47.
Vaux Moyse (Li), aujourd'hui Ouady Mouse, 9, 16.
Wolfranc (F.), chapelain du Grand Maître des chevaliers teutoniques, 31.

Zacharie, abbé-évêque du Mont-Sinaï, 62.
Zesquara, casal, 21.

Imprimerie Gouverneur, G. Daupeley à Nogent-le-Rotrou

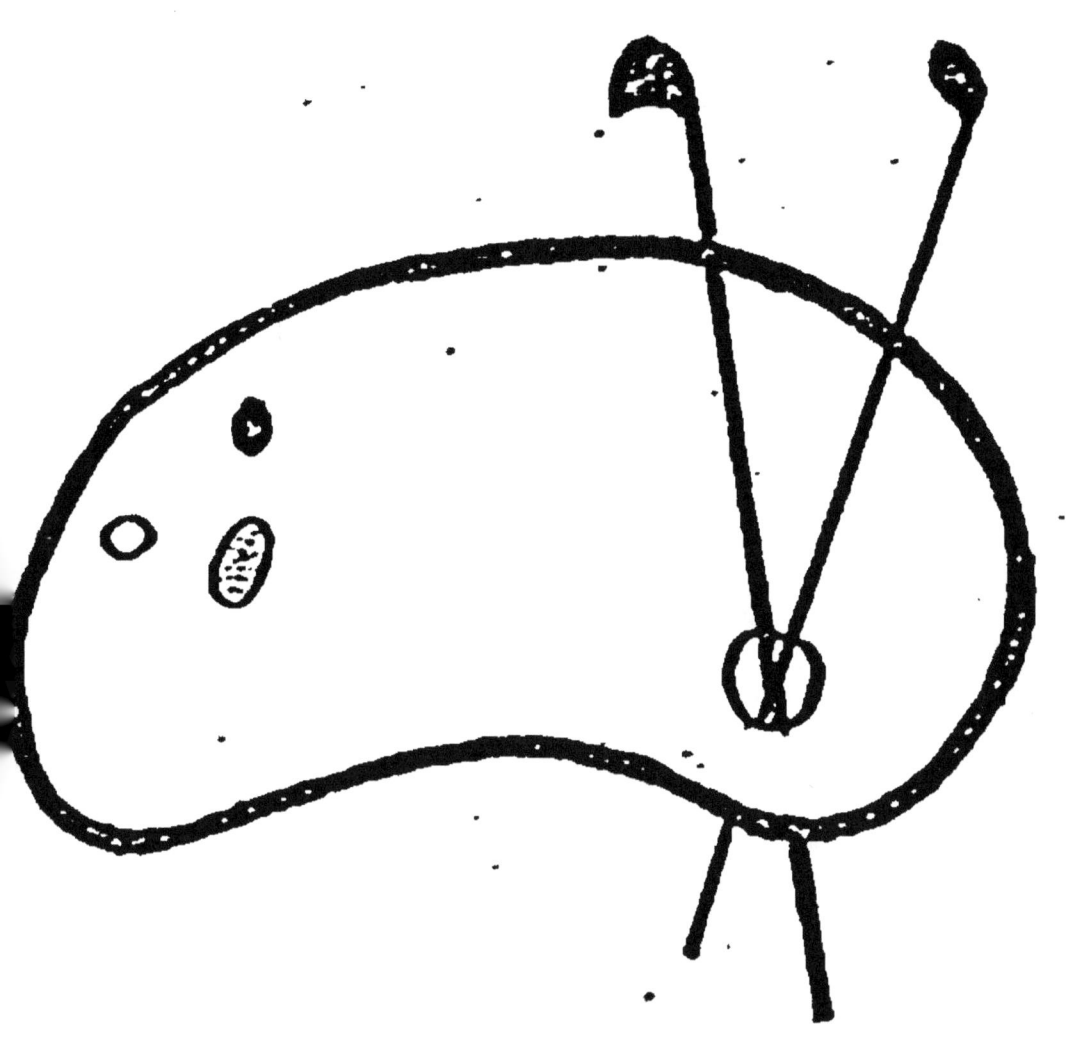

ORIGINAL EN COULEUR
HF Z 13-120-8

www.ingramcontent.com/pod-product-compliance
Lightning Source LLC
LaVergne TN
LVHW020953090426
835512LV00009B/1866